ビジネス英語の8割は中学英語で通用する

デイビッド・セイン
David A.Thayne

はじめに

英語は、幼いころから始めたり、
期間長く行うにつきます。

 私はこれまで17年間日本上で英語を教えることができました。
その中で気がついた「英語を学ぶ人の特ちょう」
そのうちの8つを「英語を学ぶこと」についてです。

です。単に英語を学ぶことは、誰でもいくらか勉強すれば、
そのことについては、その有名なる英語を学ぶことが〈カ〉を上達し、
その結果、みんな「語学力」がすごく上達したのです。

なぜ、英語を学ぶことは簡単なのか、

そして、なぜ英語を学ぶようになれるか、を上達するのか。

その理由を考えてみましょう。

まず、英語を学ぶことがなぜ簡単な勉強なのか理由。

それは、8割方が中学英語で通用するからです。
ビジネスの英語の場合、そしてそのまま専門的なほどの
専門用語なぞまるので、2割は意外となくてもけんかれます。
基本は中学英語で十分通用します。
それは、この日本で紹介している基本の英単語を100算されば、
かなりのことをして調整できるのです。

また、最もいげのはやはり形に慣ります。

自分で書いた英語を客観的に見ることができて、
ここがダメなのか、ミスすればにすればになるのか答えられれば、
最も書ける英語を英語はするようになるのです。

どうですか？　そう聞くと、
何かできそうな気分になってきたんじゃないですか？

さらに、英語を書けるようになるとなぜ「話す力」も上達するのか？
それは、書くことで基本の構文などが頭に入り、
スッと口から出やすくなるからです。

話せても書けないということはありますが、
書けると話せるようになるのです。あとはちょっとした勇気だけ。

本書では、ビジネス英語に特化して、
英文の基本的な書き方と、よく使う基本の表現をご紹介します。
これを読めば、英文メール、ビジネスレターなどが
ひととおり書けるようになり、また話す力も身につくはずです。

また、専門用語やちょっと難しい表現が必要となるときのために、
すぐに使える、便利なビジネス英語表現集も用意しています。

本書を最大限活用し、
ビジネス英語のコミュニケーション力をぜひ磨いてください！

デイビッド・セイン

> では、早速、次のページから、
> 日本人が書いてしまいがちな「伝わらない英語」と
> 中学英語レベルで書いた「伝わる英語」の
> 例を比較しながら、英語の書き方について、
> 詳しく見ていきましょう！

— 3 —

比較検証 伝わるビジネスメール 伝わらないビジネスメール

ケース:打ち合わせのアポイントメントをとる

伝わらないビジネスメール

Dear Mr. George Green: ——❶

It's nice to meet you. ——❷
My name is Taro Suzuki of ABC Corporation.

❸—I would very much like the opportunity to introduce our products, which is the reason why I am contacting you at this time. ——❹

I would very much like to give you an explanation of our products in person. Would you perhaps be available to talk with me for approximately an hour sometime next week? ——❺

I would be sincerely happy if you could consider providing me with several times and dates when you are available to meet with me.

Thank you for your consideration. ——❻

ここが間違いやすい

❶ Mr./Ms./Mrs.＋フルネームは使いません。

❷ 差出人を見れば誰からのメールかわかるので書きません。

❸ ていねいな表現としてよく使われるI would...ですが、使いすぎるとくどくなるので使うのは３回以下に。

❹ 関係代名詞を使うと長文になり間違いも起こりやすくなります。この場合 which以下は削除してもOK。

❺ ていねいに書こうとすればするほどまわりくどくなり、言いたいことが相手に伝わりにくくなります。

❻ 考えることにお礼を言っても意味がありません。何をしてもらいたいのか明確に伝えましょう。

〈日本語訳〉

ジョージ・グリーン様

はじめまして。
株式会社ABCの鈴木太郎と申します。

一度弊社の商品の紹介をさせていただきたく、ご連絡させていただきました。
ぜひ直接ご説明させていただきたいと思っているのですが、来週のどこかで１時間ほどお時間を頂戴することはできますでしょうか？
お手すきの日時をいくつかご提示していただければ幸いです。

ご検討のほど、よろしくお願いいたします。

中学英語なら こんなに伝わりやすくなる!

ケース:
打ち合わせの
アポイントメントをとる

伝わる ビジネスメール

Dear Mr. Green, ――❶

❷―― I'd like to visit your office and talk to you about our products next week. ――❸

Could you give me two or three times when you have one hour? ――❹

I'm looking forward to seeing you. ――❺

Sincerely,
Taro Suzuki ――❻

> 中学英語を使えば
> 伝えたいことが
> スッキリまとまり
> 読みやすくなります。

こうすれば伝わる

1. Mr./Ms./Mrs.と一緒に使うなら、ファミリーネームです。英語ではDear + ファーストネームがよく使われます。

2. 自己紹介や時候のあいさつはせずに、すぐに本題に入ります。

3. こちらが何をしたいのか端的に述べます。

4. 相手にお願いすることは具体的に書きます。

5. 確実にお願いをきいてもらえるよう感謝の念と共に最後に一押し。

6. 英語の場合は、名前はメールの最後に書きます。

〈日本語訳〉
グリーン様

来週、御社をお訪ねして弊社の新製品についてお話させて頂きたいと思います。

1時間ほどお時間がある日時をいくつかご提示頂けますでしょうか。

お会いできることを楽しみにしております。

敬具
鈴木太郎

比較検証 伝わるビジネスレター 伝わらないビジネスレター

ケース：展示会への招待状

伝わらない ビジネスレター

July 3, 2014

DEF Corporation
General Manager Dear Mr. Smith

ABC Corporation
Chiyoda-ku 1-1-1, Tokyo 111-123
TEL:81-1-1111-1111　FAX:81-1-1111-1112
Sales Representative
Shigeru Saito

Invitation for the exhibition

I trust that you are doing well during this hot weather.
I am glad to know that everyone is healthy.

Our company will be sponsoring an exhibition booth from July 10 to 20 at the International Trade Show at the Central Convention Hall.

We will have many new products to show, and so we would like to kindly invite you to visit us there. The parking space at the hall is limited, and so we would like to request to take advantage of the public transportation.

Sincerely,

ここが間違いやすい

1. 日付と宛名の位置が間違っています。
2. 自分の会社の住所を書く位置と順序が間違っています。
3. 「暑中お見舞い申し上げます」などといった時候のあいさつは不要。
4. 何がいつどこで行われるのか明確にしないと相手に伝わりません。
5. 展示会で行われる当たり前のことなど、言わなくてもわかることを記載する必要はありません。
6. 長文はできる限り避けます。長い文章は相手にとって面倒以外の何物でもありません。
7. ていねいすぎると慇懃無礼になってしまいます。余計な修飾語は極力省きましょう。

〈日本語訳〉
展示会のご案内

暑中お見舞い申し上げます。
皆様におかれましては、ますますご健勝のこととお慶び申し上げます。

さて弊社では、セントラルホールにて7月10日から20日まで開催される展示会にブースを出展いたしております。
新商品も多数取り揃えてございますので、ぜひとも足をお運びください。

なお、会場は駐車場のスペースが限られておりますので、お手数をおかけしますが、公共の交通機関をご利用いただきますよう併せてお願い申し上げます。

中学英語なら こんなに伝わりやすくなる!

ケース: 展示会への招待状

伝わる ビジネスレター

ABC Corporation
Chiyoda-ku 1-1-1, Tokyo 111-123
TEL:81-1-1111-1111 FAX:81-1-1111-1112 ❶

July 3, 2014 ❷

Dear Mr. Smith: ❸

❹ ❺ We're going to have a booth at the International Trade Show at the Central Convention Hall (July 10 to 20). If you have a chance, please come by and see all our latest products. ❻ ❼

It might be easiest to go by bus or train because there aren't many parking spaces. ❽

Sincerely,

Shigeru Saito
Sales Representative ❾

— 10 —

こうすれば伝わる

❶ 自社の住所や電話などの情報はヘッド（手紙の一番上）に持ってきます。

❷ 手紙を書いた日付を書きます。

❸ 呼びかけは日本語の「拝啓」にあたる部分になります。

❹ 時候の挨拶などは省いて、すぐに本題に入りましょう。

❺ 「弊社」は Our companyではなくweとします。

❻ 平易な英語でとにかくシンプルに。一文につき、言いたいことは一つにしぼりましょう。

❼ If you have a chance, ...は相手に余計なプレッシャーをかけずに提案できる便利なフレーズ。

❽ 相手にとって「いいこと」を示しながらお願いすると、きいてもらいやすくなります。

❾ 名前の後にサイン、肩書きを忘れずに書きます。

〈日本語訳〉
弊社は、来る7月10日から20日までセントラル・コンベンション・ホールで開催される国際貿易ショーにブースを出すことになりました。お時間がありましたら立ち寄って、新商品を見てください。

駐車スペースが十分ではございませんので、バスか電車でお越しいただくのが一番便利かと思います。

お会いするのを楽しみにしています。

比較検証 伝わる報告書 伝わらない報告書

ケース：議事録

伝わらない報告書

1. Date: February 15, 2015
2. Time: 15:00 to 17:00
   Place: No. 1 Conference Room
3. Attendees: Sales (5 people)
   Planning (3 people)
   Development (2 people)
4. Topic: About the new product launch date
5. Summary:
   (1) It was agreed that the launch date will be June 12.
   (2) In concordance with the launch date, we decided to establish a special site.
   (3) The total amount appropriated for the project is 10,000,000 yen.
6. Next meeting: March 5, 2015, 9:30, No. 1 Conference Room

ここが間違いやすい

1. 報告書にはタイトルを必ず付けます。

2. 24時間表示は、外国ではあまり使われません。アメリカで24時間表記を使うのは警察や軍隊など特殊な場合です。

3. 「新商品の発売日時について」の「ついて」には、ついabout をつけたくなりますが、topicという項目なので、表記する必要はありません。

4. 「会議で決まったこと」つまり「決議」は、Summary とは言いません。

5. 議決したことを述べる場所なので、It was agreed、In concordance with、などの記載は不要です。

6. ひとつひとつの文章が長すぎると読みにくくなります。

〈日本語訳〉
1, 日時　　　2015年2月15日
　　　　　　15時〜17時
2, 場所　　　第一会議室
3, 出席者　　営業部5名
　　　　　　企画部3名
　　　　　　開発部2名
4, 議題「新商品の発売日時について」
5, 要旨
　① 発売日時は6月12日で合意。
　② 発売に合わせて特設のホームページを作成。
　③ 総費用は1000万円を予定。
6, 次回の会議
　2015年3月5日　9時30分　第一会議室

中学英語なら
こんなに伝わりやすくなる!

ケース:
議事録

伝わる報告書

MEETING MINUTES
1. Date: February 15, 2015
2. Time: 3:00 to 5:00
   Place: No. 1 Conference Room
3. Attendees: Sales (5 people)
   Planning (3 people)
   Development (2 people)
4. Topic: New product launch date
5. Decisions made:
   (1) June 12 launch date
   (2) Establish a special site for the new product
   (3) 10-million yen budget
6. Next meeting: March 5, 2015 at 9:30 in Conference Room No. 1

こうすれば伝わる

❶ 議事録は、英語でminutesあるいはconference noteといいます。

❷ 書く内容は、基本的には日本語と同じですが、できるだけシンプルにまとめます。

❸ 24時間表記ではなく3:00、5:00と書きます。特に迷う可能性がなければ、AMやPMを書かなくてもOKです。

❹ 議決内容を記載するので、項目はDecision made。

❺ 議決事項は、シンプルに箇条書きにすると伝わりやすいです。

❻ ゼロの多い大きな数字の場合はスペルアウトするのも手です。

〈日本語訳〉
1, 日時　　2015年2月15日
　　　　　午後3時〜5時
2, 場所　　第一会議室
3, 出席者　営業部5名
　　　　　企画部3名
　　　　　開発部2名
4, 議題「新商品の発売日時について」
5, 要旨
　① 発売日時は6月12日で合意。
　② 発売に合わせて特設のホームページを作成。
　③ 総費用は1000万円を予定。
6, 次回の会議
　2015年3月5日　午前9時30分　第一会議室

ビジネス英語を書くときの5つのポイント

ビジネス英語は次のポイントをおさえれば、
誰でもスラスラ書けるようになります。

1. 伝えたいことは3カ条にまとめる

伝えたいことを3つに分解して、短い文章にまとめて、3カ条に仕立てます。たとえば、❶現状を説明する ❷相手にお願いしたいことやこちらの要求を伝える ❸それを実現するための方法を説明する といった感じでまとめてみましょう。

❶現状を説明する
↓
❷要求を伝える
↓
❸方法を伝えてお願いする

2. 日本語を中学英語レベルに変換

日本語を直訳すると伝えたいことが伝わりにくくなります。日本語にはていねい語や謙譲語、やわらかいあいまいな表現が欠かせませんが、英語に訳すときは、内容に直接関係のない言葉は極力省いて考えるようにします。中学レベルのシンプルな英語になるよう、短くてわかりやすい文章に噛み砕いてから訳しましょう。

英語を書くときは、とにかく、シンプルイズベストを心がけて。わかりやすくちゃんと伝えることこそが最大の目的です。難解な文章で相手を混乱させないように気を付けてくださいね！

3. ていねいすぎると不親切になる

ていねいに書こうとすると、どうしても文章が長く複雑になりがちです。ここは思い切って、言いたいことだけに集中して伝えるようにしましょう。ビジネスでは、相手も自分も忙しいため、内容は極力シンプルに、が基本。端的に伝えて、相手の時間を無駄に使わせないようにしましょう。

4. 難しい英語は誰にとっても難しい

難しい文法や単語は、当然ながら、誰にとっても難しいもの。英語は、ネイティブとはもちろんノンネイティブ同士のコミュニケーションにも使われますから、誤解や誤用を避けるためにも、シンプルな文法と単語で書くようにしましょう。

5. どんなときもへりくだらない

日本人が使いがちなPlease。実は多用すると、慇懃無礼に思われてしまうので注意が必要です。また、「〜していただき恐縮です」の英訳としてsorryが使われますが、この日本的なニュアンスは相手に伝わらないことがほとんどです。英語では、相手に何かお願い事をするならThank you for 〜でOK。何をするにも、相手と自分は常に対等な立場であることは、英語圏の大前提であることを心得て。

CONTENTS

- 2 はじめに
- 4 比較検証!
**伝わるビジネスメール
伝わらないビジネスメール**
- 8 比較検証!
**伝わるビジネスレター
伝わらないビジネスレター**
- 12 比較検証!
**伝わる報告書
伝わらない報告書**
- 16 ビジネス英語を書くときの5つのポイント
- 20 本書の使い方

Chapter1
英文メール
基本の書き方

- 22 これで伝わる! ビジネスメールの書き方
- 24 件名
- 26 冒頭
- 28 本文
- 30 結び
- 32 署名

Chapter2
中学英語レベルで大丈夫!
基本の表現100

- 36 依頼する
- 43 提案する
- 46 確認する
- 51 意見する
- 55 主張する
- 57 アピールする
- 61 報告する
- 66 連絡する
- 68 指摘する
- 70 説明する
- 72 教えてもらう
- 74 断る
- 75 非難する
- 76 感想を述べる
- 78 願望を述べる
- 78 質問する
- 81 意見を聞く
- 82 感謝する
- 84 謝る

Chapter3
困ったときにすぐに使える!
ビジネス英語
表現集

- 88 会議にまつわる表現
- 90 書類の種類
- 93 計算・数字にまつわる表現
- 95 データの推移を描写する表現
- 96 度量衡
- 97 サイズ
- 98 メールの送受信
- 99 経理にまつわる表現
- 100 経費の名目
- 101 銀行にまつわる表現
- 105 経済にまつわる表現
- 109 税金にまつわる表現
- 110 法律にまつわる表現
- 111 契約にまつわる表現
- 113 マーケティングにまつわる表現
- 115 小売業にまつわる表現
- 116 営業にまつわる表現
- 119 不動産にまつわる表現
- 120 新聞にまつわる表現
- 122 自己紹介する
- 123 自社を紹介する
- 124 業種
- 126 組織変更を知らせる

- 127 買収合併を知らせる
- 128 オフィス移転を知らせる
- 129 引き継ぎを知らせる
- 130 連絡先変更を知らせる
- 131 不在を通知する
- 132 代返メッセージ
- 133 アポイントをとる
- 134 日程を調整する
- 135 案件を打診・検討・お断りする
- 136 企画を提案する
- 137 進捗状況を確認する
- 138 指示をする
- 139 問い合わせる
- 140 資料を請求する
- 141 新商品・新サービスを発表する
- 142 価格変更を知らせる
- 143 営業時間の変更を知らせる
- 144 休業を知らせる
- 145 納期を設定する
- 146 納期を延期する
- 147 請求書を送る
- 148 商品を発注する
- 149 商品を送る
- 150 商品を受け取る
- 151 欠陥・ミスを指摘する
- 152 代金を請求する
- 153 支払い方法を設定する
- 154 支払いを催促する
- 155 在庫を確認する
- 156 見積りを依頼・提示する
- 157 契約書を作成する
- 158 クレームをつける① 商品・サービスに対して
- 159 クレームをつける② 納期の遅延に対して
- 160 クレームをつける③ 数量間違い・誤送に対して
- 161 クレームに反論する
- 162 いろいろな謝罪の仕方
- 163 弁解する
- 164 求人募集
- 165 就職活動・転職活動
- 167 雇用にまつわる表現
- 169 出張の準備をする
- 170 出張中のスケジュールを決める
- 171 出張のアフターケアをする
- 172 交通手段を手配する
- 173 交通手段
- 174 ホテルを予約する
- 175 コミュニケーション① 相手の近況を伺う
- 176 コミュニケーション② 久しぶりに連絡する
- 177 コミュニケーション③ 体調を気遣う
- 178 健康状態・体調
- 179 コミュニケーション④ 感謝の気持ちを伝える
- 180 コミュニケーション⑤ 相談を持ちかける
- 181 コミュニケーション⑥ 相手をねぎらう
- 182 コミュニケーション⑦ 相手を評価する
- 183 コミュニケーション⑧ 相手の行動を注意する
- 184 コミュニケーション⑨ 愚痴をいう
- 185 日本の祝日
- 186 スケジュール
- 187 パーティ・イベント
- 188 冠婚葬祭① 法人へのお祝い
- 189 冠婚葬祭② 個人へのお祝い
- 190 冠婚葬祭③ お見舞い
- 191 冠婚葬祭④ 訃報・お悔やみ

本書の使い方

伝わる英語を書くために、ぜひ本書をフル活用してください。

Chapter1:
英文メール基本の書き方

英文メールの基本的な構造やよく使う表現などを紹介します。
日本人が間違えがちなポイントについても解説しているので、
ぜひ押さえておきましょう。

Chapter2:
中学英語レベルで大丈夫!
基本の表現100

依頼する、確認する、主張する、提案する、謝罪する…など、
ビジネスシーンでよく使う表現を選りすぐって100コご紹介します。どれも
中学英語レベルのシンプルな表現で、とても使い勝手のいいものばかり。
覚えておくと、英語を書くときはもちろん、話すときにも大活躍します。

Chapter3:
困ったときにすぐ使える!
ビジネス英語表現集

ビジネス英語は基本的には中学英語でOKなのですが、ビジネスでは、
どうしても専門用語や業務特有の表現などを使う必要が出てきます。
ここでは、そういった表現をジャンル別にまとめていますので、
あなたの必要に合わせて、辞書的に使ってください。

Chapter 1

英文メール
基本の書き方

いまやビジネスにメールは欠かせません。

英文メールと日本語文のメールでは、
本文の構成の仕方や表現など、
異なる部分があります。

本章では、英文メールの基本的な構造と、
英文メールでよく使われる表現を紹介します。

さらに、日本人が英文メールを書くときに、
特に間違えやすいポイントについても、
わかりやすく解説しますので、
英文メールを書くコツが身につきます。

ぜひそれらを参考にして、
あなたの伝えたいことが伝わるメールを
できるだけシンプルな英語を使って書いてみてください。

Chapter 1 英文メール 基本の書き方

こう書けば簡単!
これで伝わる! ビジネスメールの書き方

＼ 5つのポイントをおさえれば大丈夫! ／

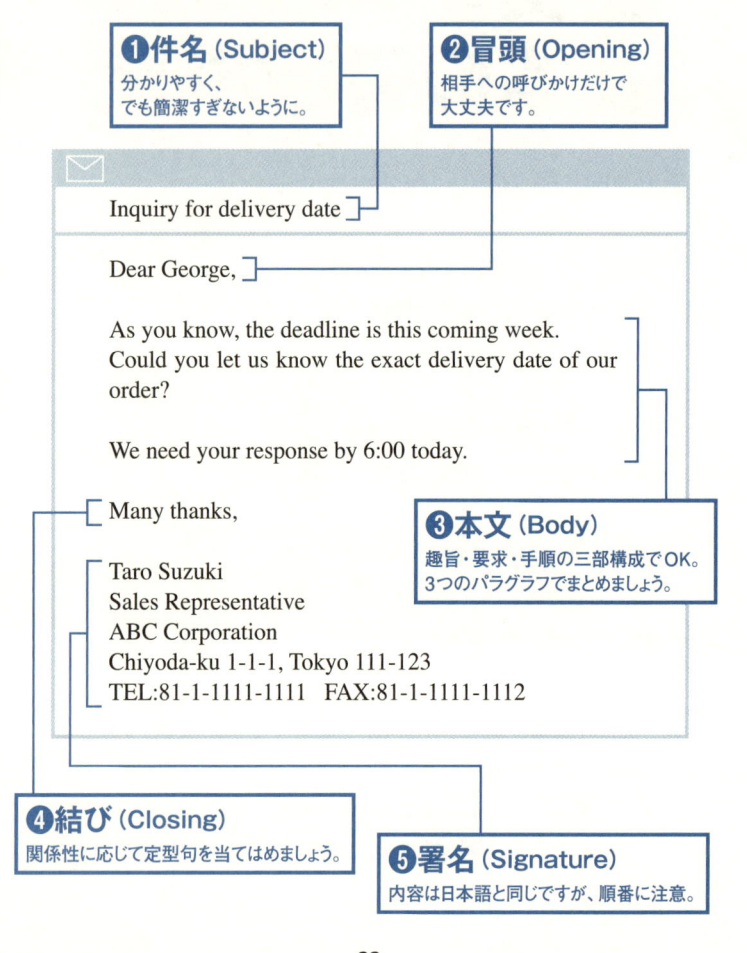

❶件名 (Subject)
分かりやすく、でも簡潔すぎないように。

❷冒頭 (Opening)
相手への呼びかけだけで大丈夫です。

Inquiry for delivery date

Dear George,

As you know, the deadline is this coming week.
Could you let us know the exact delivery date of our order?

We need your response by 6:00 today.

Many thanks,

Taro Suzuki
Sales Representative
ABC Corporation
Chiyoda-ku 1-1-1, Tokyo 111-123
TEL:81-1-1111-1111　FAX:81-1-1111-1112

---

❸本文 (Body)
趣旨・要求・手順の三部構成でOK。
3つのパラグラフでまとめましょう。

❹結び (Closing)
関係性に応じて定型句を当てはめましょう。

❺署名 (Signature)
内容は日本語と同じですが、順番に注意。

❶ 件名（Subject）
とにかく相手にわかりやすく
長文だと伝わりにくく、「Hi!」のように短すぎると説明不足。
「何の用件なのか」が一目でわかるように表現しましょう。

---

❷ 冒頭（Opening）
パターンは決まっている
「知っている相手なら敬称なしでOK」といったように、
状況に合ったパターンを適用してください。

---

❸ 本文（Body）
3つの要素で内容を端的に
時候のあいさつなどは、基本的には必要ありません。
趣旨・要求・手順を伝えるシンプルな構成で書いていきます。

---

❹ 結び（Closing）
数ある定型句の中からチョイス
改まった表現からフランクなものまで、バリエーションは多彩。
相手との関係性を考慮しながら使い分けましょう。

---

❺ 署名（Signature）
順序に気をつける
記載する内容は基本は同じなのですが、住所を記す順序など
日本とは異なる部分があります。違いをおさえましょう。

Chapter 1　英文メール 基本の書き方

これで伝わる! ビジネスメールの書き方❶
件名 (Subject)

相手にいち早く読んでもらうためには、優先順位が高くなり、レスポンスを早める件名を付けることがポイントです。

件名を付ける際の注意点

● 前置詞のaboutや、冠詞のaやtheはなるべく省く

[例]

× A request for the new project

● 前置詞や冠詞以外の先頭の単語の頭文字を大文字にする

[例]

○ Request for new project

● メールの内容がわかる簡潔な文章にする

[注意!]
次のような件名はスパムに間違われてしまうので
使わないようにしましょう。

[例]

あいさつ表現はNG！

× Hi!

簡潔すぎるのはNG！

× Meeting

抽象的で漠然とした件名もNG！

× Good news!（耳寄りなお知らせ）

× Call now（すぐにお電話を）

— 24 —

件名をつけるポイント

件名には一定のパターンがあります。メールを送る目的をパターンにあてはめると、わかりやすい件名が付けられます。

用件（Request/Inquiry）＋ 前置詞句

	✕	◯
お礼	**Thank you**	Thank you for your help
お詫び	**Sorry**	Sorry for my late reply
招待	**Invitation**	Invitation to Christmas party
見積り	**Estimate**	Request for estimate
会議	**Meeting**	Project meeting on May 13
問い合わせ	**Inquiry**	Inquiry about PC
依頼	**Request**	Request for your new catalogue
手配	**Arrangement**	Arrangements for flights to the UK

件名は、とにかく相手にわかりやすいものにします。必要であればすぐに検索できるよう、請求書番号や、注文書の番号(No./ #)を記載しておくのもよいでしょう。

Chapter 1 英文メール 基本の書き方

これで伝わる! ビジネスメールの書き方❷
冒頭 (Opening)

英文メールでは、日本語とは異なり、
冒頭に時候のあいさつなどを書きません。
相手への呼びかけのあと、すぐに本文に入ります。

相手への呼びかけ

● 最初にメールを出すとき
「Dear Mr./Ms. (ファミリーネーム)」

● すでに知っている相手
「Hi +ファーストネーム」
「Dear +ファーストネーム」

● ファーストネームに敬称は付けない
[例]
Dear Mr. Mike (ファーストネーム)

● 「-san」も使える
[例]
Dear Erika-san,
Dear Smith-san,

● 担当者が不明のとき、複数のときの表現
[例]
To whom it may concern, (ご担当者様)
Dear Sir/Madam,
Dear Sirs/Madams,

— 26 —

どうしてもひとこと伝えたいときの表現

英文メールでは、日本語のメールのように社交のあいさつを書く必要はありません。しかし、書き出し部分で、どうしてもひとこと書いてこちらの思いを伝えたい、ということもありますよね。そんな時に使えるフレーズを紹介します。

- [ ] お世話になっています。
  Thanks for all your help.

- [ ] 大変お世話になっています。
  You've been so helpful.

- [ ] 先日はありがとうございました。
  Thanks for the other day.

- [ ] ごぶさたしています。
  It's been a long time.

- [ ] 格別のお力添えいただきありがとうございます。
  I'd like to thank for all your help.

- [ ] 平素は格別のお引き立てをいただきありがとうございます。
  I'd like to offer my sincere appreciation to you.

Chapter 1 英文メール 基本の書き方

これで伝わる! ビジネスメールの書き方❸
本文（Body）

英文メールは「趣旨」「要求」「手順」の3つの要素で構成します。

要素は3つでOK!

本文の3つの要素をそれぞれ見ていきましょう。

1. 趣旨を明示する

「〜の件でご連絡しました」といったように、まずは趣旨を明示して、話の方向性をここで決定づけます。

[例] As you know, the deadline is this coming week.
　　　ご承知の通り、弊社の注文納期は来週となっております。

2. 要求を伝える

ここがメールの本題です。「何をしてほしいのか」を具体的に相手に伝えていきます。

[例] Could you let us know the exact delivery date of our order?
　　　正確な配達期日をお教え願えますか?

3. 手順を説明する

「どのように」「いつまでに」など、手順を説明します。

[例] We need your response by 6:00 today.
　　　本日6時までにお返事を頂ければと思います。

3つの要素を組み合わせればちゃんと伝わる!

英文メールは、基本的には、「趣旨」「要求」「手順」を伝える3つの文章を作って、つなげればOKです。例えば、先ほどの例文を3つつなげれば、相手にちゃんと意味が伝わるメールになります。

[例]

　As you know, the deadline is this coming week.
　Could you let us know the exact delivery date of our order?
　We need your response by 6:00 today.

実は、英文メールの書き方の基本はこのくらいなのです。具体的にどういう表現を使えば相手に伝わりやすいのか、については、Chapter2とChapter3を参考にしてください。

Chapter 1 英文メール 基本の書き方

これで伝わる! ビジネスメールの書き方❹
結び (Closing)

英文メールでよく使われる結びの表現を紹介します。
相手との関係性などによって使い分けるようにします。
差出人名につなげるので最後に「, (カンマ)」をつけます。

改まったメール

フォーマル度の高い順に上から並べていますので相手にあわせて使い分けます。

- ☐ **Sincerely yours,** 　　敬具
- ☐ **Best regards,** 　　敬具、かしこ
- ☐ **Sincerely,** 　　敬具
- ☐ **Thank you,** 　　よろしくお願いします

普段使いのメール

相手や状況にあわせて使い分けます。

- ☐ **Best wishes,** 　　それでは／よろしくお願いします
- ☐ **Warmest regards,** 　　よろしくお願いします
- ☐ **Regards,** 　　では (失礼します)
- ☐ **All the best,** 　　幸運を祈ります
- ☐ **Let's stay in touch,** 　　また、ご連絡します
- ☐ **Many thanks,** 　　ありがとうございました
- ☐ **Thank you again,** 　　改めてありがとうございました

- **Until our next meeting,** では、次の打ち合わせで
- **Hoping to hear from you soon,** お返事お待ちしています
- **Looking forward to your next mail,** メール、楽しみにしています
- **Looking forward to seeing you,** お目にかかるのを楽しみにしています
- **Hoping you'll write soon,** お返事待っています
- **See you soon!** ではまた
- **Take care!** では!

親しい相手とのメール

状況にあわせて使い分けます。

- **Yours,** さようなら
- **Bye,** またね
- **Thanks,** ありがとうね
- **See-ya soon,** またね
- **Bye!** さよなら!
- **Cheers!** さよなら!／元気でね!
- **See you in ○○!** ○○で会おうね!
- **Keep in touch,** 連絡してね
- **Good luck!** 頑張って!
- **Bye for now,** またね

Chapter 1 英文メール 基本の書き方

これで伝わる！ビジネスメールの書き方❺
署名 (Subject)

基本的には日本語と同じ内容なのですが、
書く順番が違いますので注意しましょう。

---

❶ Shigeru Saito
❷ Sales Representative
❸ Sales Department
❹ ABC Corporation
❺ Chiyoda-ku 1-1-1,
　 Tokyo 111-123 JAPAN
❻ Tel:81-1-1111-1111
❼ saito@abc.co.jp
❽ http://www.abc-inc.jp/

---

❶ **名前**
❷ **肩書き**
❸ **部署**
❹ **会社名**
❺ **住所** 住所の書き方が日本語と違うので注意しましょう。
　　　1行目　市町村区→丁目番地
　　　2行目　都道府県→郵便番号、国名
❻ **電話番号** 日本の国番号「+81」を入れると親切です。
❼ **メールアドレス**
❽ **ウェブサイト**

署名でよく使う表現

会社の部署

総務部	general affairs department
人事部	personnel department
経理部	accounting department
営業部	sales department
技術部	engineering department
製造部	production department
広報部	public relations department
宣伝部	advertising department
企画部	planning department
販売促進部	sales promotion department

肩書き

主任	manager, chief
係長	subsection chief
課長	section manager
部長	department manager
店長	store manager
支店長	branch manager
監査役	inspector, auditor
取締役	director
役員	executive
副社長	executive vice president
代表取締役	representative director
会長	chairperson

Chapter 1 英文メール 基本の書き方

Chapter 1 英文メール 基本の書き方

会社

ガス会社	gas company
電力会社	electric power company
鉄道会社	railway company
金融会社	finance company
証券会社	securities company
生命保険会社	life insurance company
損害保険会社	non-life insurance company
不動産会社	real estate company
自動車会社	automobile manufacturing company
総合商社	general trading company
貿易会社	trading company
建設会社	construction company
水産会社	fishing company
食品会社	food company
製菓会社	confectionery company
製紙会社	paper and pulp company
総合電気製造会社	general electrical machinery company
医薬品会社	pharmaceutical company
石油会社	petroleum company
鉄鋼会社	iron and steel company
化学品会社	chemical products company
通信会社	communications company
出版社	publishing company
新聞社	newspaper publishing company
広告会社	advertising company
IT関連企業	IT related company
人材派遣会社	staffing company
法律事務所	lawyer's office

Chapter 2

中学英語レベルで大丈夫!
基本の表現100

英語を書くとき、ネットで調べた文章をコピペしていませんか?

残念ながら、そのようにして使った英語は
頭にインプットされないため、
いつまでたっても自力で英語が書ける様にはなりません。

かといって、分厚い英語フレーズ集と格闘なんて
したくないですよね。

実は、ビジネスでよく使う英語のフレーズは
100コ程度に絞られます。
さらに、使う英語は中学レベルでOKなんです。

この章では、所定の位置の単語を差し替えれば、
様々なシチュエーションで使える、ネイティブ
イチオシの便利な表現をご紹介します。

これだけ覚えてしまえば、スラスラ英語が書ける
ようになります。もちろん英会話にも応用できますよ。

Chapter 2　中学英語レベルで大丈夫! 基本の表現100

001　依頼する❶

～できませんか？
I would like to　A　.

A に入れる言葉

- ☐ 打ち合わせする　have a meeting
- ☐ 交換する　　　　get a new one
- ☐ 電話する　　　　call you

002　依頼する❷

～をご確認ください。
Could you check　A　?

A に入れる言葉

- ☐ こちらのサイト　this site
- ☐ 取扱い説明書　　the manual
- ☐ このファイル　　the file

003 依頼する❸

～していただけますか？

Could you [A] ?

[A] に入れる言葉

- ☐ メールを転送する　**send me that message**
- ☐ スケジュールを調整する　**change the schedule**
- ☐ 理由を教える　**tell me why**

004 依頼する❹

必ず～してください。

Please make sure you [A] .

[A] に入れる言葉

- ☐ 皆さんに伝える　**tell everyone**
- ☐ 返信する　**reply**
- ☐ 忘れない　**don't forget**

Chapter 2　中学英語レベルで大丈夫! 基本の表現100

005 依頼する❺

~していただけないかと思っています。

I was wondering if you could [A] .

___

[A] に入れる言葉

- [ ] 商談の場を設ける　set up a meeting
- [ ] 弊社に来てもらう　visit us
- [ ] 誤解を解く　take care of this problem

006 依頼する❻

~へのアドバイスをくださいませんか?

Could you give me some advice about [A] ?

___

[A] に入れる言葉

- [ ] この問題　this problem
- [ ] このアイデア　this idea
- [ ] 彼との付き合い方　how to get along with him

007 依頼する❼

～の件で、メールがほしいのですが。

I'd like to ask you to reply regarding A .

A に入れる言葉

- [ ] 新聞記事 — the newspaper article
- [ ] 次回の会議の時間 — the time of the next meeting
- [ ] 私の質問 — my question

008 依頼する❽

～をお待ちしています。

I'm looking forward to A .

A に入れる言葉

- [ ] ご連絡 — hearing from you
- [ ] 会議への参加 — seeing you at the meeting
- [ ] ご返信 — your reply

Chapter 2 中学英語レベルで大丈夫！基本の表現100

009 依頼する⑨

〜でご都合のよい日をお知らせください。

Could you let me know if you're available [A]?

[A] に入れる言葉

- 今月の中旬　around the middle of this month
- 明日　from tomorrow
- 来週　next week

010 依頼する⑩

〜いただければ幸いです。

I would be grateful if you could [A].

[A] に入れる言葉

- ご一読　read through this
- ご指摘　tell me what to do
- ご一報　let me know what's going on

011 依頼する⓫

お気軽に〜してください。
Please feel free to [A].

[A] に入れる言葉

- 質問する　　ask me anything
- 申し付ける　tell me what to do
- 尋ねる　　　ask me for help

012 依頼する⓬

〜があれば、連絡してください。
Let me know if [A].

[A] に入れる言葉

- 私にできること　I can do anything
- ご不明点　　　　something isn't clear
- 空いている日時　you have some free time

013 依頼する⑬

引き続き、〜をお願い申し上げます。

Thank you for your continued [A].

[A] に入れる言葉

- ☐ ご協力　　　　　　support
- ☐ お付き合いのほど　business
- ☐ ご指導　　　　　　guidance

014 依頼する⑭

〜によろしくお伝えください。

Please say hello to [A].

[A] に入れる言葉

- ☐ 社長　your president
- ☐ 皆さま　everyone there
- ☐ 奥さま　your wife

015 提案する❶

私が〜しましょうか？

Do you want me to [A]?

[A] に入れる言葉

- ☐ お伺いする　visit you there
- ☐ ご説明する　tell you about this
- ☐ 対応する　take care of this

016 提案する❷

〜するのはどうでしょう？

How about [A]?

[A] に入れる言葉

- ☐ みんなの案を聞く　asking everyone for their ideas
- ☐ 後日話し合う　talking about this later
- ☐ 今夜食事に行く　having dinner tonight

017 提案する❸

おそらく〜を検討できるかもしれません。

Perhaps we could consider A .

A に入れる言葉

- [ ] 新しい方法　　a new method
- [ ] 代案　　　　　a different plan
- [ ] 新しいやり方　a new way

018 提案する❹

〜しませんか？

Why don't we A ?

A に入れる言葉

- [ ] 勉強会を開催する　　　have a study session
- [ ] プロジェクトを立ち上げる　start a project
- [ ] ジョンに聞いてみる　　ask John about this

019 提案する⑤

~を比較してみましょう。

Let's compare [A].

[A] に入れる言葉

- ☐ 2種類　　　　the two types
- ☐ スタイル　　　styles
- ☐ いくつかの企業　a few companies

020 提案する⑥

~できるかどうか検討したいと思います。

We'll talk this over and see if we can [A].

[A] に入れる言葉

- ☐ 契約する　　　reach an agreement
- ☐ 業務提携する　work together
- ☐ 要望に応える　meet your needs

021 確認する❶

〜ではいかがですか?

How does [A] sound?

[A] に入れる言葉

- 5時ごろ　　around 5:00
- 明後日　　the day after tomorrow
- 月末　　　the end of the month

022 確認する❷

〜しても構いませんか?

Do you mind if I [A] ?

[A] に入れる言葉

- 伺う　　　　　　meet with him
- 情報を削除する　throw away this information
- 本日早退する　　leave early today

023 確認する❸

〜をちょっと確認させてください。

Let me just check A.

___A___ に入れる言葉

- [ ] スケジュール　my schedule
- [ ] やり方　　　　how to do this
- [ ] ファイル　　　the file

024 確認する❹

〜させていただきたく存じます。

I would like to A.

___A___ に入れる言葉

- [ ] お願いする　ask for your help
- [ ] 訪問する　　come for a visit
- [ ] 検討する　　think about this

025 確認する ⑤

～が必要でしたら、お知らせください。

If you need [A], let me know.

[A] に入れる言葉

- 同行者　　someone to go with you
- さらにデータ　more information
- 助け　　　my help

026 確認する ⑥

誰に（を）～すればよろしいでしょうか？

Who should I [A] ?

[A] に入れる言葉

- 相談する　talk to
- 知らせる　tell
- 招待する　invite

027 確認する❼

まだ〜ですか?
Are you still A ?

A に入れる言葉

- [ ] お忙しい　　busy
- [ ] 返答待ち　　waiting for a reply
- [ ] 日本にいる　in Japan

028 確認する❽

〜する時間はございますか?
Do you have time to A ?

A に入れる言葉

- [ ] 再考する　　　　think about this again
- [ ] 同行する　　　　come with me
- [ ] 議事録をつくる　write the minutes

029 確認する ⑨

いつ～できそうですか？

When can I [A] ?

[A] に入れる言葉

- ☐ お会いする　meet him
- ☐ お電話する　call her
- ☐ 情報を見る　see the information

030 確認する ⑩

～する必要がありますか？

Is it necessary to [A] ?

[A] に入れる言葉

- ☐ このレポートを送る　send this report
- ☐ ファイルを処分する　throw away this file
- ☐ みんなに話す　talk to everyone

031 確認する⓫

～のご都合はいかがですか？

Are you free A ?

___A___ に入れる言葉

- ☐ 今度の水曜日　　**this coming Wednesday**
- ☐ 明日の3時以降　**from 3:00 tomorrow**
- ☐ 明日の午前中　　**tomorrow morning**

032 意見する❶

結論を言うと、～すべきです。

The bottom line is that we need to A .

___A___ に入れる言葉

- ☐ 撤退する　　　　　　　**walk away**
- ☐ コストカットする　　　**cut our costs**
- ☐ プロジェクトをキャンセルする　**cancel this project**

Chapter 2　中学英語レベルで大丈夫! 基本の表現100

033 意見する❷

～すべきではないと思います。

I don't think we should [A].

[A] に入れる言葉

- 事業から撤退する　get out of the business
- 会議を延期する　put off the meeting
- 計画を変更する　change the plan

034 意見する❸

～が多すぎます。

There's too much [A].

[A] に入れる言葉

- ストレス　stress
- プレッシャー　pressure
- 仕事　work

035 意見する④

(御社の) ご提案は〜していません。

Your project idea is [A].

[A] に入れる言葉

- コストが少し高すぎる　a little too expensive
- 現実的ではない　not realistic
- 少々短絡的だ　a little short-sighted

036 意見する⑤

(御社が) 〜していただければ、受け入れます。

We can accept it if you [A].

[A] に入れる言葉

- 価格を下げる　lower your price
- 送料を込みにする　also pay for shipping
- 15日までに送る　send it by the 15th

Chapter 2　中学英語レベルで大丈夫! 基本の表現100

037　意見する⑥

〜に合意します。

We think [A] is okay.

[A] に入れる言葉

- 金額　　　　　　the amount
- 時間　　　　　　the time
- すべて(の項目)　everything

038　意見する⑦

〜するのは難しいです。

It's hard to [A].

[A] に入れる言葉

- 助ける　　　　　　help
- いい場所を見つける　find a good place
- 利益を出す　　　　make money

— 54 —

039 主張する❶

~しなければなりません。

We have to A .

A に入れる言葉

- ☐ 確認する　　　check that
- ☐ 進出する　　　grow our business
- ☐ 問題を解決する　fix this problem

040 主張する❷

私たちは~したいと思います。

We hope to A .

A に入れる言葉

- ☐ 細部を詰める　　talk more about this
- ☐ 値段について話す　talk about the price
- ☐ 打ち上げを行なう　have a party

041 主張する ③

私たちにとっては〜するのが重要です。

It's important for us to A .

A に入れる言葉

- 金曜日に間に合わせる　finish by Friday
- キャンペーンを行う　carry out a campaign
- 品質を改善する　improve our quality

042 主張する ④

〜を有効活用すべきです。

We need to find a good way to use A .

A に入れる言葉

- このチャンス　this chance
- 時間　this time
- あなたの人脈　your connections

043 アピールする❶

～を提供します。
We offer　A　.

A に入れる言葉

- ☐ 安い値段（で）　　a low price
- ☐ 研修カリキュラム　a training plan
- ☐ 充分な資金　　　　enough money

044 アピールする❷

～する準備が整っています。
We're ready to　A　.

A に入れる言葉

- ☐ 提案を聞く　　　　listen to your idea
- ☐ 次のステップに進む　go to the next step
- ☐ 出発する　　　　　leave

Chapter 2　中学英語レベルで大丈夫! 基本の表現100

045　アピールする❸

〜に全力で取り組みます。

I'll do my best to [A].

[A] に入れる言葉

- ☐ 問題を調べる　　look into this problem
- ☐ レポートを読む　read the report
- ☐ 信頼を勝ち取る　win his trust

046　アピールする❹

必ず〜します。

I'll make sure to [A].

[A] に入れる言葉

- ☐ 上司に話す　　　tell my boss about this
- ☐ チームを支援する　help the team
- ☐ ニーズに応える　　meet your needs

047 アピールする⑤

引き続き〜してまいります。

I'll keep on trying to [A].

[A] に入れる言葉

- ☐ 改善する　**make improvements**
- ☐ 協力する　**work together**
- ☐ 邁進する　**push ahead**

048 アピールする⑥

私たちは〜に対処できます。

We can handle [A].

[A] に入れる言葉

- ☐ あらゆる問題　**any problem**
- ☐ 幅広い要望　**almost any need**
- ☐ 御社のタスク　**your task**

Chapter 2 中学英語レベルで大丈夫! 基本の表現100

049 アピールする⑦

〜ので安心してください。

I'll make sure [A], so you don't have to worry about that.

[A] に入れる言葉

- ☐ 使用できる　　　it works
- ☐ 納期には間に合う　to finish on time
- ☐ 予算内に収まる　not to spend too much money

050 アピールする⑧

〜が私の仕事です。

I'm responsible for [A].

[A] に入れる言葉

- ☐ チームを率いること　　leading the team
- ☐ 売上データを分析すること　analyzing sales data
- ☐ 品質を管理すること　keeping quality high

051 アピールする ❾

～に自信があります。

I'm confident that [A] is/are very good.

[A] に入れる言葉

- ☐ 自社の製品　　　our products
- ☐ 彼の能力　　　　his ability
- ☐ このソフトウェア　this software

052 報告する ❶

～の件でメールしました。

I'm writing to [A].

[A] に入れる言葉

- ☐ お問い合わせ　ask a question
- ☐ お願いごと　　ask for a favor
- ☐ 仕事の依頼　　ask for your help

Chapter 2 中学英語レベルで大丈夫! 基本の表現100

053 報告する❷

〜を添付します。

I've attached A .

A に入れる言葉

- 画像　　　　the picture
- 議事録　　　the minutes
- PDFファイル　a PDF file

054 報告する❸

〜することを決定しました。

We've decided to A .

A に入れる言葉

- 注文を中止する　　cancel the order
- この企画に参加する　work on this project
- 移転する　　　　　move our office

055 報告する❹

～についてお知らせいたします。
I'd like to tell you　A　.

A に入れる言葉

- 私の予定　　　　　about my plans
- プロジェクト内容　about this project
- 販売戦略　　　　　the way we do sales

056 報告する❺

～は確かではありません。
I'm not sure　A　.

A に入れる言葉

- いつ連絡があるのか　when they'll contact us
- リリース日　　　　　about the release date
- この数字　　　　　　about this number

057 報告する⑥

〜(時間が)かかります。
It'll take [A].

[A] に入れる言葉

- 数時間　several hours
- しばらく　a little while
- 1ヵ月　a month

058 報告する⑦

〜に変更を加えました。
I made some changes to the [A].

[A] に入れる言葉

- 計画　plan
- デザイン　design
- サイト　site

059 報告する❽

~時点では、
As of [A], ...

[A] に入れる言葉

- ☐ 本日の　　　　today
- ☐ チェックした　the last time I checked
- ☐ 現在の　　　　the present time

060 報告する❾

~を拝見しました。
I had a chance to look at [A].

[A] に入れる言葉

- ☐ 報告書　　　　　your report
- ☐ 御社のホームページ　your site
- ☐ 新聞記事　　　　the article

061 連絡する❶

~に喜んで出席します。

I'll be happy to go to the [A].

[A] に入れる言葉

- 会食　　　　dinner party
- 忘年会　　　year-end party
- 開店イベント　opening event

062 連絡する❷

~をお送りしたいと思います。

I'd like to send you [A].

[A] に入れる言葉

- 最新カタログ　a new catalog
- サンプル　　　a sample
- 製品リスト　　a product list

063 連絡する③

～する予定です。
I'm planning to A .

A に入れる言葉

- [ ] 18時には会社に戻る　**return to the office at 6:00**
- [ ] 今日は直帰する　**go straight home**
- [ ] イベントに参加する　**go to the event**

064 連絡する④

～についてお知らせがあります。
I have some information about A .

A に入れる言葉

- [ ] 新商品　**a new product**
- [ ] イベント　**an event**
- [ ] 価格改定　**price changes**

065 連絡する⑤

～が決定しました。

[A] has been decided.

[A] に入れる言葉

- 開始時間　　The starting time
- 打合せの日程　The meeting time
- 納期　　　　The deadline

066 指摘する①

～をまだ受け取っていません。

I haven't received the [A] yet.

[A] に入れる言葉

- ファイル　file
- 部品　　parts
- 報告　　news

067 指摘する❷

〜に間違いがあります。

There is an error in the A .

A に入れる言葉

- [ ] 書類　document
- [ ] 住所　address
- [ ] 報告書　report

068 指摘する❸

〜を心配しています。

I'm worried about A .

A に入れる言葉

- [ ] どのくらいの時間がかかるのか
    how much time it will take
- [ ] 資金の問題
    the money problem
- [ ] 行く末
    the future

Chapter 2 中学英語レベルで大丈夫! 基本の表現100

069 説明する❶

つまり、〜ということです。

In other words, [A].

[A] に入れる言葉

- [ ] コストが高すぎる　our costs are too high
- [ ] 評判が高い　everyone likes them
- [ ] 手数がかかる　it will be a lot of trouble

070 説明する❷

これは〜を示しています。

This shows [A].

[A] に入れる言葉

- [ ] 弊社全体の意向　what we want to do
- [ ] 何が起こっているのか　what's happening
- [ ] 必要な時間　how much time we need

071 説明する ③

〜によると、
According to A , ...

A に入れる言葉

- ○○教授 **Professor ○○**
- 政府 **the government**
- 昨夜のニュース **last night's news**

072 説明する ④

〜の場合、
In A case, ...

A に入れる言葉

- その **that**
- 弊社 **our**
- 最悪 **the worst**

073 説明する ⑤

〜のには理由があります。

There's a reason [A].

[A] に入れる言葉

- ☐ これを選んだ   we chose this
- ☐ その案をお断りした we said no to that idea
- ☐ これがヒットした   this product sold well

074 教えてもらう ①

〜を教えていただけますか?

May I [A] ?

[A] に入れる言葉

- ☐ 携帯電話の番号   get your cell phone number
- ☐ ご用件   help you
- ☐ 詳細   have the details

075 教えてもらう❷

~について具体的にお話しいただけますか?

Could you be more specific about [A]?

[A] に入れる言葉

- [ ] あなたの目標　　　your goals
- [ ] 私の役割　　　　what I need to do
- [ ] おっしゃりたいこと　what you want to say

076 教えてもらう❸

どうやって~のか教えてください。

Could you tell me how to [A]?

[A] に入れる言葉

- [ ] このファイルを開く　open this file
- [ ] この機械を使う　　use this machine
- [ ] 時間を節約する　　save time

Chapter 2　中学英語レベルで大丈夫! 基本の表現100

077 断る❶

残念ですが、〜できません。

I'm afraid I can't [A].

[A] に入れる言葉

- ☐ お手伝いする　　　help you
- ☐ パーティーに出席する　go to the party
- ☐ 都合がつく　　　　make it

078 断る❷

どうしても〜の都合がつきません。

I'm afraid I don't have any time [A].

[A] に入れる言葉

- ☐ 18日の午前中　in the morning on the 18th
- ☐ 来週中　　　all next week
- ☐ その日　　　on that day

079 非難する❶

あいにく、それはいささか〜です。

I'm afraid that's　A　.

A に入れる言葉

- [ ] 唐突　　　**too sudden**
- [ ] ぶしつけ　**not polite**
- [ ] 非現実的　**not possible**

080 非難する❷

〜とは思えません。

I don't think　A　.

A に入れる言葉

- [ ] 最善　　　　**that was your best**
- [ ] 的確　　　　**that was right**
- [ ] 正しい選択　**that was the right choice**

Chapter 2 中学英語レベルで大丈夫! 基本の表現100

081 感想を述べる❶

~をうれしく思います。

I'm glad A .

A に入れる言葉

- 問題を解決できたこと
  we took care of this problem
- そのニュースを聞いたこと
  we heard that news
- あなたのご配慮
  you thought about that

082 感想を述べる❷

~してうれしかったです。

It was a pleasure to A .

A に入れる言葉

- お目にかかれて **see you**
- 一緒に仕事ができて
  do business with you
- プロジェクトに参加して
  work on the project with you

— 76 —

083 感想を述べる❸

~に満足しています。

We're very happy with A .

A に入れる言葉

- 御社のサービス　　your service
- 早い対応　　your quick response
- クオリティ　　the quality

084 感想を述べる❹

~よかったです。

I'm glad to hear A .

A に入れる言葉

- お元気そうで　　you're doing well
- 無事に到着されて　　you got there safely
- 病気から回復されて　　you're better now

085 願望を述べる

〜することを楽しみにしています。

I'm looking forward to A .

A に入れる言葉

- □ お会いできること　meeting you
- □ お返事をいただくこと　your reply
- □ 一緒に仕事ができること　working with you

086 質問する❶

〜の様子はいかがですか？

How are things A ?

A に入れる言葉

- □ オフィス　in the office
- □ みなさん　with everyone
- □ ニューヨーク　in New York

087 質問する❷

~はいかがでしたか？

How was [A] ?

[A] に入れる言葉

- ご旅行　your vacation
- お食事　the food
- 出張　　your business trip

088 質問する❸

何か~はありますか？

Do you have any [A] ?

[A] に入れる言葉

- ご質問　　　　questions
- 海外での経験　experience working overseas
- 新しいアイデア　new ideas

089 質問する④

どうすれば〜できますか？

How can I [A] ?

[A] に入れる言葉

- ☐ インターネットを使う　use the Internet
- ☐ データをチェックする　check the data
- ☐ 連絡する　reach you

090 質問する⑤

〜することは可能ですか？

Is it possible to [A] ?

[A] に入れる言葉

- ☐ 打ち合わせを設定する
  set up a meeting
- ☐ もっと早くお越しいただく
  come sooner
- ☐ 明日までに終わらせる
  finish it by tomorrow

091 質問する⑥

いくら〜しますか？

How much do you [A] ?

[A] に入れる言葉

- ☐ 請求する　need
- ☐ 希望する　want
- ☐ かかる　　charge

092 意見を聞く①

〜についてどう思いますか？

What do you think about [A] ?

[A] に入れる言葉

- ☐ 今回の企画　this plan
- ☐ そのメール　the message
- ☐ このデザイン　this design

Chapter 2 中学英語レベルで大丈夫! 基本の表現100

093 意見を聞く❷

〜に賛成ですか？

Do you agree with [A]?

[A] に入れる言葉

- [ ] 予算案　　　**the budget plan**
- [ ] 異動　　　　**this change**
- [ ] そのアイディア　**that idea**

094 感謝する❶

〜していただき、ありがとうございます。

Thank you for [A].

[A] に入れる言葉

- [ ] わざわざお越しいただき
    coming all this way
- [ ] そのことを教えていただき
    telling me that
- [ ] お気遣いいただき
    thinking of me

095 感謝する❷

~光栄です。

It was an honor for me to A .

A に入れる言葉

- [ ] このような機会をいただき　have this opportunity
- [ ] お役に立てて　do this for you
- [ ] 一緒に食事ができて　have dinner with you

096 感謝する❸

~の件、さっそく返信ありがとうございます。

Thank you for your quick reply to my A .

A に入れる言葉

- [ ] メール　e-mail
- [ ] 質問　question
- [ ] オファー　offer

Chapter 2 中学英語レベルで大丈夫！基本の表現100

097 感謝する❹

〜のところ、メールしていただきありがとうございます。

I know you're [A], so thank you for your message.

[A] に入れる言葉

- [ ] ご多忙　**busy**
- [ ] お疲れ　**tired**
- [ ] お休み　**off today**

098 謝る❶

〜して申し訳ございません。

I'm sorry for [A].

[A] に入れる言葉

- [ ] ご迷惑をおかけして
  causing trouble for you
- [ ] ご心配をおかけして
  making you worry
- [ ] 返信が遅くなり
  the slow reply

099 謝る❷

～をお許しください。

Please accept our apologies for A .

A に入れる言葉

- ご不便　this mistake
- ご不便　the trouble
- 不手際　our failure

100 謝る❸

もしかしたら～かもしれません。

I might have A .

A に入れる言葉

- 勘違いしていた　　　　the wrong idea
- 間違えた　　　　　　　made a mistake
- 間違えたことを言っていた　said something wrong

COLUMN

ビジネスシーンで使える略語

英文メールなどでよく使われる略語を一部ご紹介します。
機会があったらぜひ使ってみてください。

ASAP	As Soon As Possible	できるだけ早く
BBL	Be Back Later	また来ます
BTW	By The Way	ところで
e.g.	exempli gratia	例えば
FYI	For Your Information	ご参考までに
IOU	I Owe You	あなたのおかげです、ありがとう
IOW	In Other Words	言い換えると、つまり
i.e.	id est	すなわち、つまり
NA	Not Applicable	該当なし
NRN	No Response Needed	返事はいりません
PS	Postscript	追伸
NR	No Return	帰社せず、直帰します
RSVP	respondez s'il vous plait	お返事ください（招待状などで）
TBD	To Be Decided	後日決定予定
TGIF	Thank God It's Friday	花金（ありがたい金曜日）
TIA	Thanks In Advance	お世話になります
WTG	Way To Go	頑張れ!

Chapter 3

困ったときにすぐに使える!
ビジネス英語表現集

ビジネス英語は、
基本的にはChapter2でご紹介したように、
中学英語レベルで十分通用するのですが、
ビジネスでは、どうしても、専門用語や業界用語、
業務を遂行する際の定番表現など、
中学レベル以上の英語も必要になります。

この章では、そういった表現のうち、
ビジネスで使われることが多いものを選りすぐって、
ジャンルや目的別にまとめました。

あなたのお仕事の種類や目的に合わせて、
参考にしてみてください。
ぜひ辞書のように使ってくださいね。

Chapter 3 困ったときにすぐに使える！ビジネス英語表現集

01 会議にまつわる表現

- [ ] プレゼンテーションを行う
  give a presentation

- [ ] 欠席
  absent

- [ ] 議題
  agenda

- [ ] メモを取る
  take notes

- [ ] 投票
  ballot

- [ ] 票を投じる
  cast a vote

- [ ] 議長
  chairperson

- [ ] 会議
  conference

- [ ] 電話会議
  conference call

- [ ] 意見の一致、総意
  consensus

- ☐ 決定
  decision

- ☐ 項目
  item

- ☐ 生じる問題
  problems arising

- ☐ 議事録
  minutes

- ☐ 投票、投票する
  vote

- ☐ 委任投票
  proxy vote

- ☐ 挙手
  show of hands

- ☐ 全会一致
  unanimous

- ☐ ビデオ会議
  videoconference

- ☐ 提案する
  make a suggestion

02 書類の種類

- [ ] 売上票
  receipt

- [ ] 機密保持
  privacy policy

- [ ] 機密保持契約
  non-disclosure agreement

- [ ] 秘密契約保持
  confidentiality agreement

- [ ] 勤務時間記録表
  time sheet

- [ ] 契約書
  contract

- [ ] 購入契約
  purchase agreement

- [ ] 顧客満足度調査表
  customer satisfaction survey form

- [ ] 雇用規則
  employment agreement

- [ ] 雇用契約書
  employment contract

- ☐ 借用書
  letter of credit

- ☐ 商品購入／注文
  purchase order

- ☐ 推薦書
  reference letter

- ☐ 請求書
  bill of sales

- ☐ 督促状
  collection letters

- ☐ 特許
  patent

- ☐ 取扱説明書
  instruction manual

- ☐ 年間予算
  annual budget

- ☐ 年末／月末売上報告
  end of the year/month report

- ☐ 納税申告
  tax return

Chapter 3 困ったときにすぐに使える！ビジネス英語表現集

- [ ] バランスシート
  balance sheet

- [ ] 販促用パンフレット
  sales brochure

- [ ] パンフレット
  pamphlet

- [ ] 保険証書
  insurance policy

- [ ] 保証書
  warranty

- [ ] 見積書
  estimate

- [ ] 申込書
  application form

- [ ] 約束手形
  promissory note

- [ ] 旅行費償還用紙
  travel expense reimbursement form

- [ ] ローン申込書
  loan application

03 計算・数字にまつわる表現

- [ ] 足す
  add

- [ ] 引く
  subtract

- [ ] 掛ける
  multiply

- [ ] 倍
  times

- [ ] 乗
  to the power of

- [ ] 割る
  divide

- [ ] 二乗
  square

- [ ] 平方根
  square root

- [ ] 等しい
  equal

- [ ] プラス
  plus

Chapter 3 困ったときにすぐに使える! ビジネス英語表現集

- [ ] マイナス
minus

- [ ] ゼロ
zero

- [ ] 100
hundred

- [ ] 1000
thousand

- [ ] 100万
million

- [ ] 10億
billion

- [ ] 1兆
trillion

- [ ] ギガ
giga

- [ ] メガ
mega

- [ ] 3分の2
two thirds

04 データの推移を描写する表現

- [ ] 棒グラフ
  bar chart

- [ ] 折れ線グラフ
  line graph

- [ ] 円グラフ
  pie chart

- [ ] 表
  table

- [ ] 割合
  rate

- [ ] 分布
  distribution

- [ ] 急激に増加する
  increase rapidly

- [ ] 徐々に減少する
  gradually decline

- [ ] ほぼ2倍になる
  almost double

- [ ] 横ばい状態です
  It has remained essentially the same

05 度量衡

- [ ] 長さ
  length

- [ ] 広さ
  width

- [ ] 重さ
  weight

- [ ] 高さ
  height

- [ ] 距離
  distance

- [ ] 容積
  volume

- [ ] 面積
  area

- [ ] 温度
  temperature

- [ ] 湿度
  humidity

- [ ] 降水量
  precipitation

06 サイズ

- 極小
  extremely small

- 小さ目
  smaller

- 標準
  standard

- 大き目
  larger

- 特大
  extra large

- 最小
  minimum

- 最大
  maximum

- 読みやすい
  easy to read

- 見やすい
  easily viewable

- 収まりやすい
  easy to fit (into)

Chapter 3 困ったときにすぐに使える！ビジネス英語表現集

07 メールの送受信

- [ ] 画像ファイル
  image file

- [ ] 音声データ
  audio data

- [ ] 動画ファイル
  video file

- [ ] 圧縮ファイル
  compressed file

- [ ] 迷惑メール
  junk mail

- [ ] ダウンロードする
  download

- [ ] 添付ファイルが開けません
  I can't open the attached file.

- [ ] 文字化けしています
  Your message is garbled.

- [ ] メールを転送します
  I'll forward an e-mail to you.

- [ ] 容量オーバー（メールサーバーなどが）
  capacity exceeded

08 経理にまつわる表現

- [ ] 仕訳
breakdown

- [ ] 元帳
ledger

- [ ] 試算表
spreadsheet

- [ ] 粗利
gross profit

- [ ] 勘定科目
account headings

- [ ] 決算書
statement of accounts

- [ ] 損益計算書
income statement

- [ ] 貸借対照表
balance sheet

- [ ] 売掛金
accounts receivable

- [ ] 買掛金
accounts payable

Chapter 3 困ったときにすぐに使える! ビジネス英語表現集

09 経費の名目

- [ ] 給料賃金
  wages

- [ ] 地代家賃
  rent

- [ ] 貨物運賃
  cargo carriage rate

- [ ] 水道光熱費
  utilities

- [ ] 通信費
  communication

- [ ] 広告宣伝費
  advertising

- [ ] 接待交際費
  entertainment

- [ ] 損害保険料
  property insurance

- [ ] 消耗品費
  consumable goods

- [ ] 福利厚生費
  employee benefits

⑩ 銀行にまつわる表現

- [ ] 振込
  transfer

- [ ] 積立てる
  accumulate

- [ ] 定期預金
  time deposit

- [ ] 投資信託
  mutual fund

- [ ] 融資
  financing

- [ ] 破綻
  bankruptcy

- [ ] 損失
  loss

- [ ] 出向
  on loan

- [ ] 外為
  foreign exchange

- [ ] 残高
  balance

Chapter 3 困ったときにすぐに使える! ビジネス英語表現集

- [ ] 銀行手数料
 bank charges

- [ ] 支店
 branch

- [ ] 預金額
 credit

- [ ] 当座預金
 current account

- [ ] 借方
 debit

- [ ] 預金勘定
 deposit account

- [ ] 利子
 interest

- [ ] ローン
 loan

- [ ] 当座貸越
 overdraft

- [ ] 払い込む
 pay in

- [ ] 受取人、支払先
  payee

- [ ] 入金伝票
  deposit slip

- [ ] 収支報告書
  statement

- [ ] 引き出す
  withdraw

- [ ] 現金自動預け払い機（ATM）
  ATM

- [ ] 紙幣
  banknote

- [ ] 請求書、為替手形
  bill

- [ ] 預入金、預金
  deposit

- [ ] 現金
  cash

- [ ] 払い戻し
  withdrawal

Chapter 3 困ったときにすぐに使える! ビジネス英語表現集

- [ ] 通貨
  currency

- [ ] 借金
  debt

- [ ] 為替レート
  exchange rate

- [ ] 外国為替
  foreign exchange

- [ ] 硬貨
  hard currency

- [ ] 投資する
  invest

- [ ] 法定通貨
  legal tender

- [ ] 小口現金
  petty cash

- [ ] 投機する
  speculate

- [ ] 取引(お金の)
  transaction

⑪ 経済にまつわる表現

- [ ] 赤字、損失
deficit

- [ ] インフレ
inflation

- [ ] 外貨為替レート
exchange rate

- [ ] （会計）監査
audit

- [ ] 外注、アウトソーシング
outsourcing

- [ ] 株式市場
stock market

- [ ] 株取引
stock exchange

- [ ] 株主
shareholder

- [ ] 危機管理
risk management

- [ ] 供給曲線
supply curve

Chapter 3 困ったときにすぐに使える! ビジネス英語表現集

- [ ] 供給と需要
  supply and demand

- [ ] 均衡予算
  balanced budget

- [ ] 景気後退
  recession

- [ ] 経済制裁
  economic sanctions

- [ ] 国内総生産
  GDP (Gross Domestic Product)

- [ ] 国民総生産
  GNP (Gross National Product)

- [ ] 固定費
  fixed costs

- [ ] 正味資産
  equity

- [ ] 失業率
  unemployment rate

- [ ] 支払い残高、国際収支
  balance of payments

- [ ] 資本金、元金
  capital

- [ ] 消費者の信頼
  consumer confidence

- [ ] 商品
  commodity

- [ ] 新興成長市場
  emerging market

- [ ] ダンピング
  dumping

- [ ] 担保、保証金
  bond

- [ ] 通貨
  currency

- [ ] 強気市場
  bull market

- [ ] 弱気市場
  bear market

- [ ] デフレ
  deflation

Chapter 3　困ったときにすぐに使える！ビジネス英語表現集

- [ ] 投機
speculation

- [ ] （投機）資産運用
hedge fund

- [ ] 投資信託
mutual fund

- [ ] 独占市場
monopoly

- [ ] 富、繁栄
prosperity

- [ ] 負債
debt

- [ ] 輸出
exports

- [ ] 輸入
imports

- [ ] デイトレ
day trading

- [ ] 利子率
interest rate

⑫ 税金にまつわる表現

- [ ] キャピタルゲイン税
  capital gains tax

- [ ] 源泉徴収税
  withholding tax

- [ ] 個人所得税
  individual income tax

- [ ] 固定資産税
  property tax

- [ ] 車両関連税
  vehicle-related tax

- [ ] 消費税
  sales tax

- [ ] 相続税
  inheritance tax

- [ ] 贈与税
  gift tax

- [ ] 付加価値税
  value-added tax (VAT)

- [ ] 法人税
  corporate tax

Chapter 3 困ったときにすぐに使える！ビジネス英語表現集

⑬ 法律にまつわる表現

- [ ] 債権
  receivables

- [ ] 裁判
  court

- [ ] 損害賠償
  compensation for damage

- [ ] 裁判手続
  court proceedings

- [ ] 戸籍
  family register

- [ ] 相続
  inheritance

- [ ] 遺言
  will

- [ ] 返済
  repayment

- [ ] 扶養手当
  alimony

- [ ] 民事
  civil affair

⑭ 契約にまつわる表現

- [ ] 合意、契約
  agreement

- [ ] 付属書、付録
  appendix

- [ ] 仲裁
  arbitration

- [ ] 条(項)
  article

- [ ] 項
  clause

- [ ] 条件
  condition

- [ ] 不可抗力の
  inevitable

- [ ] 履行する
  fulfill

- [ ] ここに
  herein

- [ ] 以下
  hereinafter

Chapter 3 困ったときにすぐに使える！ビジネス英語表現集

- [ ] これに、ここに
  hereto

- [ ] これまで、従来
  heretofore

- [ ] ○○に代わって
  on behalf of ○○

- [ ] 無効の
  null and void

- [ ] 一方、他方
  on the one hand

- [ ] 当事者、関係者
  party

- [ ] 規定する
  stipulate

- [ ] 条件
  terms

- [ ] 保証する
  warrant

- [ ] 一方で、○○であるのに対し
  whereas ○○

15 マーケティングにまつわる表現

- [ ] ブランド
  brand

- [ ] 消費者
  consumer

- [ ] コスト
  cost

- [ ] 開発する
  develop

- [ ] 流通
  distribution

- [ ] 消費者、エンドユーザー
  end-user

- [ ] イメージ
  image

- [ ] ラベル、商標、ブランド
  label

- [ ] 着手する
  launch

- [ ] 通販
  mail order

- [ ] 市場調査
  market research

- [ ] 包装
  packaging

- [ ] 販売場所、店頭
  point of sale

- [ ] 製品
  product

- [ ] 広報
  public relations

- [ ] 登録された、登録済みの
  registered

- [ ] スポンサー
  sponsor

- [ ] 全製品
  total product

- [ ] 商標
  trademark

- [ ] 流通経路、販売経路
  marketing channel

16 小売業にまつわる表現

- [ ] 売れ筋
  hot selling

- [ ] 顧客満足度
  customer satisfaction

- [ ] 適正規模
  appropriate scale

- [ ] 標準化
  standardization

- [ ] 商圏
  market

- [ ] 鮮度
  freshness

- [ ] 仕入
  purchasing

- [ ] 欠品
  stock-out

- [ ] 量販店
  discount stores

- [ ] 不良品
  defective product

Chapter 3　困ったときにすぐに使える! ビジネス英語表現集

⑰ 営業にまつわる表現

- [ ] 競合相手
  competitor

- [ ] 既存顧客
  existing customers

- [ ] 新規開拓する
  develop new regulations

- [ ] 飛び込み
  walk-in customer

- [ ] 歩合制
  commission system

- [ ] 受発注
  sales order

- [ ] 先行販売活動
  pre-sales activities

- [ ] 卸値
  wholesale price

- [ ] 単価
  unit price

- [ ] 値引き
  discount

- [ ] アフターサービス
  after-sales service

- [ ] バイヤー
  buyer

- [ ] 顧客、クライアント
  client

- [ ] 結ぶ、成立させる
  close

- [ ] 勧誘電話、飛び込み訪問
  cold call

- [ ] 顧客
  customer

- [ ] 品切れ
  out of stock

- [ ] 割引
  discount

- [ ] 追跡調査する
  follow up

- [ ] 保証
  guarantee

Chapter 3 困ったときにすぐに使える！ビジネス英語表現集

- [ ] 大量に、大口で
  in bulk

- [ ] 見込み客の情報
  lead

- [ ] 異議
  objection

- [ ] 克服する
  overcome

- [ ] 製品
  product

- [ ] 見通し
  forecast

- [ ] 代表
  representative

- [ ] 小売り
  retail

- [ ] サービス
  service

- [ ] 卸売り
  wholesale

18 不動産にまつわる表現

- 不動産業者
  real estate agent

- アパート
  apartment

- 売り物、売り出し中
  for sale

- 家具付きの
  furnished

- 庭
  yard

- 家主
  landlord

- 借地権
  leasehold

- 家賃、賃貸料
  rent

- テナント
  tenant

- 賃借人
  renter

Chapter 3 困ったときにすぐに使える! ビジネス英語表現集

⑲ 新聞にまつわる表現

- [ ] 記事
  article

- [ ] 検閲する
  censor

- [ ] ジャーナリズム
  journalism

- [ ] 特派員
  correspondent

- [ ] 評論家
  commentator

- [ ] 編集主任
  desk

- [ ] 編集する
  edit

- [ ] 編集者
  editor

- [ ] 社説
  editorial

- [ ] 独占権
  exclusive rights

- [ ] 特集記事
  feature

- [ ] 第1面
  front page

- [ ] 見出し
  headline

- [ ] 新聞記者、ジャーナリスト
  journalist

- [ ] マスコミ、マスメディア
  media

- [ ] 意見
  opinion

- [ ] 新聞
  paper

- [ ] 記事
  story

- [ ] タブロイド新聞
  tabloid

- [ ] 事実を確認する
  check facts

Chapter 3 困ったときにすぐに使える! ビジネス英語表現集

⑳ 自己紹介する

- ☐ ○○と申します
  My name is ○○.

- ☐ ○○に勤務しています
  I work for ○○.

- ☐ ○○として働いています
  I work as a(n) ○○.

- ☐ ○○を任されています
  I am in charge of ○○.

- ☐ ○○に通っています
  I go to ○○.

- ☐ 新入社員
  new employee

- ☐ 中途入社
  mid-career employment

- ☐ 後任
  successor

- ☐ 経験
  experience

- ☐ 担当者
  person in charge

21 自社を紹介する

- 実績
  performance

- 伝統
  tradition

- ○○に設立
  established in ○○

- 上場
  listed (on the stock exchange)

- 老舗
  long-established

- 先駆け
  pioneering

- 有数
  leading

- トップクラス
  top-class

- ○○が理念です
  Our philosophy is ○○

- ○○の事業を展開
  expand our ○○ business

Chapter 3 困ったときにすぐに使える! ビジネス英語表現集

㉒ 業種

- [ ] 農業
  farming industry

- [ ] 林業
  forestry

- [ ] 漁業
  fishing industry

- [ ] 鉱業
  mining industry

- [ ] 建設業
  construction industry

- [ ] 製造業
  manufacturing industry

- [ ] 電気業
  electricity industry

- [ ] ガス業
  the oil and gas industry

- [ ] 情報通信業
  telecommunications industry

- [ ] 運輸業
  transportation industry

- ☐ 卸売業
  wholesale industry

- ☐ 小売業
  retail industry

- ☐ 金融業
  finance industry

- ☐ 不動産業
  real estate industry

- ☐ サービス業
  service industry

- ☐ 飲食
  food and beverage

- ☐ 医療
  medical

- ☐ 福祉
  welfare

- ☐ 教育
  education

- ☐ 公務
  public service

Chapter 3 困ったときにすぐに使える! ビジネス英語表現集

㉓ 組織変更を知らせる

- [ ] 新体制
  new administration
- [ ] 再編成
  reorganization
- [ ] 新設
  newly established
- [ ] 統合する
  integrate
- [ ] 廃止する
  discontinue
- [ ] 一層の飛躍のために努力します
  We will try to do even better.
- [ ] 改善
  improving business
- [ ] サービスの向上
  service improvement
- [ ] 努力いたす所存です
  We will do our best.
- [ ] 社会情勢の変化に対応
  to keep up with social changes

24 買収合併を知らせる

- [ ] 吸収合併
  absorption-type merger

- [ ] 社名変更
  company name change

- [ ] 戦略的買収
  strategic acquisition

- [ ] 親会社
  parent company

- [ ] 子会社
  subsidiary company

- [ ] 継続
  continuation

- [ ] 合同
  association

- [ ] 株式
  stock

- [ ] 保有率
  holding ratio

- [ ] 契約を締結
  sign a contract

Chapter 3　困ったときにすぐに使える! ビジネス英語表現集

25 オフィス移転を知らせる

- [ ] 新社屋
  new company building / premises

- [ ] 新しい住所
  new address

- [ ] 新しい連絡先
  new contact information

- [ ] 業務開始日時
  business start date

- [ ] 業務拡張
  business expansion

- [ ] 更なる人員を雇用する
  hire more people

- [ ] 老朽化する
  get older

- [ ] 手狭になる
  get crowded

- [ ] 移転先の住所は○○
  Our new location is ○○

- [ ] 8日から通常営業です
  We will be open for business as usual from the 8th.

26 引き継ぎを知らせる

- [ ] 人事異動
  personnel changes

- [ ] 任命
  appointment

- [ ] 着任する
  take on a new job

- [ ] 配置転換
  job rotation

- [ ] 配属
  put in

- [ ] 交代する
  replace

- [ ] 配置する
  be put in

- [ ] 前任者
  predecessor

- [ ] お引き立て
  trust and patronage

- [ ] ○○に代わり
  in place of ○○

Chapter 3　困ったときにすぐに使える! ビジネス英語表現集

27 連絡先変更を知らせる

- [ ] 変更前
  old (address)

- [ ] 変更後
  new (address)

- [ ] 新旧どちらも
  both old and new

- [ ] ドメインを取得する
  get a domain

- [ ] 下記のとおり
  as described below

- [ ] 1月15日より
  from January 15

- [ ] アドレス帳
  address book

- [ ] プロバイダを変更する
  change providers

- [ ] ご登録
  registration

- [ ] ご訂正
  correction

28 不在を通知する

- [ ] 不在期間
  days absent

- [ ] 4月5日から4月8日まで
  April 5 to April 8

- [ ] 留守にしています
  I'm away

- [ ] メールはチェックいたします
  I'll check my mail.

- [ ] 弊社の〇〇がご担当します
  〇〇 is in charge of your account.

- [ ] 緊急の場合は
  in case of (an) emergency

- [ ] ご不便をおかけします
  I'm sorry for the inconvenience.

- [ ] 戻り次第
  as soon as I return

- [ ] 返信が遅れます
  My reply will be delayed.

- [ ] 午後に戻る予定です
  I'm planning to return this afternoon.

29 代返メッセージ

- ○○は席をはずしています
  ○○ is not available at this time.

- ○○は手が離せません
  ○○ is busy at this time.

- ○○は外出中です
  ○○ is out right now.

- ○○は休暇中です
  ○○ is on holiday.

- ○○は退社しました
  ○○ has left the office.

- ○○にお伝えしておきます
  I'll let ○○ know.

- 私が代理です
  I am sitting in for him/her.

- 代わりに回答します
  I'll answer in his/her place.

- 次回から私にご連絡ください
  Please feel free to contact me from now on.

- CCに私を入れてください
  Please cc me.

30 アポイントをとる

- [ ] お時間を頂戴できればと思います
  Do you have time to meet with me?

- [ ] お会いする機会を設けていただけませんか
  Could you meet with me some time?

- [ ] 弊社の製品のラインアップを見ていただきたいのです
  I'd like to show you our products.

- [ ] ○○様からご紹介をいただき、メールをいたしました
  Mr. / Ms. ○○ suggested that I e-mail you.

- [ ] 28日の11時から4時までであれば大丈夫です
  Anytime between 11:00 and 4:00 on the 28th is fine.

- [ ] お会いするのを楽しみにしています
  I'm very happy to meet you.

- [ ] お会いできる時間がありません
  I'm afraid I don't have time to meet with you.

- [ ] 現段階で御社との取引を考える状況にはございません
  I'm afraid we're unable to do business with you.

- [ ] 現在、大変立て込んでいます
  I'm very busy right now.

- [ ] 電話であれば可能かもしれません
  A phone conference might be possible.

Chapter 3　困ったときにすぐに使える！ビジネス英語表現集

31 日程を調整する

- [ ] 空いている日を教えてください
  Could you let me know when you have some time?

- [ ] ご都合はいかがでしょうか
  When are you free?

- [ ] 本日の時点では
  As of today

- [ ] 私は下記の日程が空いています
  I'm free at other times also.

- [ ] 上記の日程以外でも調整可能です
  I can change my schedule on other days also.

- [ ] ご返信、ありがとうございます
  Thank you for replying.

- [ ] もう少し時間を早めましょうか？
  Do you want to meet a little earlier?

- [ ] 遅い時間にずらしましょうか？
  Should we move the meeting back a little?

- [ ] その日は○○が同席できません
  ○○ won't be able to attend on that day.

- [ ] 社内で予定を調整します
  I'll try to change the schedule internally.

32 案件を打診・検討・お断りする

- [ ] 折り入ってお願いしたいことがあります
  I'd like to ask you to do something.

- [ ] コンペに参加しませんか?
  Would you like to participate in the competition?

- [ ] ご相談したいことがあります
  I'd like to talk to you about something.

- [ ] インタビューをさせていただきたいのですが
  I'd like to interview you.

- [ ] 詳細は、後日改めてご相談させていただきます
  I'd like to talk to you about the details in a few days.

- [ ] お受けしていただきたいと思います
  I'd be very happy if you could say yes.

- [ ] 金額をご提示ください
  Please let me know how much it will cost.

- [ ] 少し検討するお時間をいただけないでしょうか?
  Could I have some time to think about this?

- [ ] 現在、お請けするのが難しい状況です
  It's difficult to say yes at this time.

- [ ] 辞退させていただきたく思います
  I'm sorry, but I'll have to say no.

Chapter 3　困ったときにすぐに使える！ビジネス英語表現集

33 企画を提案する

- [ ] 企画書を添付します
  I've attached a plan.

- [ ] 御社に合ったプランです
  I think this is a good plan for you.

- [ ] 以下の点で競合他社の製品よりも優れています
  This product is better than others in the following ways.

- [ ] コンセプトは○○です
  The concept is ○○ .

- [ ] ユーザーに強く訴求できます
  I'm sure users will want this product.

- [ ] マーケットのニーズを汲み取っています
  It answers the needs of the market.

- [ ] ターゲットは20代の女性です
  The target is women in their 20s.

- [ ] 販促活動に自信があります
  We're really confident in our sales abilities.

- [ ] 非常に高い効果が見込めます
  I'm sure it will be very effective.

- [ ] 代替案もご用意しています
  I also have a back-up plan.

34 進捗状況を確認する

- [ ] お忙しいことはよく承知しております
  I know you're really busy.

- [ ] ○○の件ですが、その後いかがでしょうか?
  I'd like to ask you about ○○.

- [ ] 進捗状況について教えてください
  Could you let me know how you're doing?

- [ ] プロジェクトはどれくらい進んでいますか?
  How is the project going?

- [ ] 期日には間に合いますでしょうか?
  Will we be able to finish on time?

- [ ] 催促するようで申し訳ありませんが
  I'm sorry for putting pressure on you.

- [ ] ご不明点があればおっしゃってください
  Please let me know if you have any questions.

- [ ] お電話を差し上げてよろしいでしょうか?
  Do you mind if I call you?

- [ ] 締切は5月13日までとなっています
  The deadline for this is May 13.

- [ ] おおよその日程を教えていただけますか?
  Could you let me know your schedule?

Chapter 3 困ったときにすぐに使える! ビジネス英語表現集

35 指示をする

- [ ] 改善を図る
  make improvements

- [ ] もう一度やり直してください
  Could you do it over?

- [ ] もっとクオリティを上げる
  improve the quality

- [ ] 企画案を見直す
  reconsider this plan

- [ ] 至急、対応する
  take care of this right away

- [ ] ファイルを参照する
  look at the file

- [ ] 必ず○○する
  be sure to ○○

- [ ] 6時までに完了させる
  finish by 6:00

- [ ] 急いでレポートを提出する
  hurry and hand in the report

- [ ] (人)に結果を知らせる
  let (人) know how it went

36 問い合わせる

- [ ] この製品の詳細を教えてください
  Could you give me more information about this product?

- [ ] 内容について質問があります
  I have a question about this.

- [ ] 御社への発注を検討しています
  We're thinking about placing an order.

- [ ] ○○についてもっと知りたいです
  I'd like to know more about ○○.

- [ ] 次の品目の価格表をいただけますか?
  Could you send me a price list for the items below?

- [ ] 追加情報を送っていただけますか?
  Could you send me more information?

- [ ] 電話でお話しできませんか?
  Could we talk over the phone?

- [ ] 取引条件を教えてください
  Could you let me know your terms and conditions?

- [ ] ○○の設定方法についてお尋ねします
  I'd like to how to set ○○.

- [ ] ご回答いただければ幸いです
  I look forward to your reply.

Chapter 3 困ったときにすぐに使える！ビジネス英語表現集

37 資料を請求する

- [ ] ○○に関する資料
  information about ○○

- [ ] 会社案内
  information about the company

- [ ] パンフレット
  a pamphlet

- [ ] 製品のカタログ
  a product catalog

- [ ] 資料を2部いただければと思います
  Could you send me two copies?

- [ ] 下記の住所に郵送してください
  Could you send it to the address below?

- [ ] 御社のサービスに魅力を感じています
  Your service sounds very interesting.

- [ ] 御社の商品に興味を持っています
  We're interested in your products.

- [ ] 5日必着でお願いします
  Please make sure it gets here by the 5th.

- [ ] 送料はかかりますか？
  Is there a postage charge?

38 新商品・新サービスを発表する

- 4月1日に新商品を発売します
  We'll start selling on our new product on April 1.

- リリースに先駆けて発表会を行います
  We'll have a launch event before the release.

- 社運をかけた新サービスです
  We're putting everything we have behind this service.

- 自信をもってお薦めいたします
  I can fully recommend this.

- 来月にキャンペーンを実施します
  We're launching a new campaign next month.

- 開発に8ヵ月間かかりました
  It took eight months to make this.

- ○○が特長です
  It's unique because of ○○.

- お求めになりやすい価格です
  The low price makes it easy to buy.

- 従来品に比べて本品はずっとよくなっています
  This new product is much better than the old one.

- 1年間の保証がついています
  It has a one-year guarantee.

39 価格変更を知らせる

□ 価格を引き上げます
We need to increase the price.

□ 従来の価格を維持することが困難です
It's difficult to keep the same price.

□ 増税の影響を受けています
The price increase is because of the tax hike.

□ 原油価格の高騰が原因です
The cause is the higher oil costs.

□ 仕入価格が上がっています
Our purchasing costs are rising.

□ 5月13日受注分より価格が変わります
This change will start for orders received from May 13.

□ 5月13日出荷分より価格が変わります。
This change will start for shipments sent from May 13.

□ ○○を値下げします
We're lowering our price on ○○ .

□ ○○の価格が2割引になります
We're lowering our price on ○○ by 20 percent.

□ 全商品、20%セール中です
Everything is on sale at 20 percent off.

㊵ 営業時間の変更を知らせる

- [ ] 営業時間
business hours

- [ ] 営業時間を以下のように変更します
We've changed our business hours as follows:

- [ ] 節電のため営業時間を変更しました
We changed our business hours to conserve electricity.

- [ ] 営業時間が午前10時から午後9時までになりました
Our new business hours will be from 10:00 am to 9:00 pm.

- [ ] 営業終了時間を1時間延長します
We will be staying open an hour later.

- [ ] 営業開始時間を変更させていただきます。
We've changed our start time.

- [ ] お客様の利便性を考慮いたしました
We hope this is more convenient for you.

- [ ] 5月13日より適用します
The new hours will go into effect on May 13.

- [ ] 平日のみ
only on weekdays

- [ ] 店頭窓口
teller window

41 休業を知らせる

- [ ] 弊社の夏期休業は8月15日から8月19日までです
  Our summer vacation is from August 15 to 19.

- [ ] 弊社には決まった夏休みはございません
  We don't have a fixed summer vacation.

- [ ] 12月25日にクリスマス休暇をいただきます
  We have December 25 off for Christmas.

- [ ] 弊社の年末年始休みは12月27日から1月3日までです
  We are off from December 27 to January 3 for the holidays.

- [ ] 年末年始の休みはありません
  We're open during the year-end holiday.

- [ ] 7月3日に臨時休業をいただきます
  We'll be temporarily closed on July 3.

- [ ] 休業日を延長する可能性もあります
  We might extend our days off.

- [ ] 7月3日は17時で業務終了いたします
  On July 3, we will close at 5:00 PM.

- [ ] やむを得ぬ事情により
  I'm afraid this can't be helped.

- [ ] 直前のお知らせで申し訳ございません
  I'm sorry for the short notice.

42 納期を設定する

- [ ] お尋ねしたいと思います
  I'd like to ask about the deadline.

- [ ] 15日までに期日を繰り上げることは可能ですか？
  Is it possible to move up the date to the 15th.

- [ ] 明日の午前中まででかまいません
  Tomorrow before 12:00 would be okay.

- [ ] 必ず来週中に納品してください
  Please make sure the order is delivered next week.

- [ ] 最短の納期
  the soonest date possible

- [ ] 納期が厳しい場合はご連絡ください
  Please let me know if the deadline is too tight.

- [ ] その納期に間に合わせるのは不可能です
  It's impossible to meet this deadline.

- [ ] ご希望の納期を教えてください
  Please tell me your desired deadline.

- [ ] 納期を2週間ほど早める
  move the deadline up two weeks

- [ ] 納期を前倒しする
  move the deadline up

43 納期を延期する

- 納期を1週間延ばす
  move the deadline back one week

- 猶予をいただけないでしょうか？
  Could you wait a little while longer?

- 納品できる目処が立っていません
  We're not sure when we can send your order.

- 工場内で事故がありました
  There was an accident in the factory.

- 現在、生産が追い付いていない状況です
  The factory can't keep up with orders.

- 現在、出荷が停止しています
  We can't ship orders now.

- 不測の事態が発生しました
  An unexpected problem occurred.

- 15日には確実に納品いたします
  We'll make sure we deliver your order by the 15th.

- 作業を急ピッチで進めています
  We're working as fast as possible.

- 誠に心苦しい限りですが
  I'm very sorry about this

44 請求書を送る

- [ ] 以下の通り、ご請求申し上げます
  Our invoice is below.

- [ ] 今月分の請求書を郵送いたしました
  I've sent an invoice for this month.

- [ ] 取り急ぎ、メールでお送りします
  I'm also sending the invoice by e-mail.

- [ ] 原本は郵送でお送りします
  I'll send the original by regular mail.

- [ ] 請求先の住所を教えてください
  Could you send me your address?

- [ ] 下記の口座までお振込みをお願いします
  Please pay it to the account below.

- [ ] 速達でお送りします
  We'll send it by express mail.

- [ ] 請求書は発送済みです
  We have already sent the invoice.

- [ ] 請求書がまだ届いていません
  We haven't received the invoice yet.

- [ ] ○○株式会社　経理部御中
  Accounting Division, ○○ Corporation

45 商品を発注する

- [ ] 次の通り注文いたします
  Below is our order.

- [ ] サンプルが気に入りました
  We liked the sample.

- [ ] 追加注文いたします
  We'd like to place another order.

- [ ] 電圧はいくつですか?
  What's the voltage rating?

- [ ] ご手配いただきありがとうございました
  Thanks for taking care of this.

- [ ] 注文数を変更します
  We need to change our order amount.

- [ ] 数量
  amount

- [ ] 単価
  unit price

- [ ] 納入場所
  delivery point

- [ ] 最低注文数
  minimum order

46 商品を送る

- 到着予定日
  expected arrival date

- ご注文の品を本日発送いたしました
  We sent your order out today.

- ○○急便にてお送りしています
  We sent your order by ○○ Express.

- 大変お待たせいたしました
  Thank you for waiting.

- ご使用になった感想をお聞かせください
  Please let me know how you like it.

- カタログを同封させていただきました
  We will also include a catalog.

- この度はありがとうございました
  Thank you for your order.

- ご査収ください
  I hope this is all right.

- 商品が届かない場合はご連絡ください
  Please let me know if you don't get your order.

- またのご利用を心よりお待ちしています
  We're looking forward to working with you again.

Chapter 3 困ったときにすぐに使える! ビジネス英語表現集

47 商品を受け取る

- [ ] 確かに受領しました
  We received our order.

- [ ] 無事に受け取りました
  Our order arrived safely.

- [ ] また利用したいと思っています
  I'm sure we'll place another order.

- [ ] 昨日、商品を受け取りました
  We got our order yesterday.

- [ ] 謹んで頂戴いたしました
  We were glad to get our order.

- [ ] 商品の破損などはございませんでした
  None of the items were damaged.

- [ ] 迅速なご対応、ありがとうございます
  Thank you for your quick response.

- [ ] とても満足しています
  We're very satisfied.

- [ ] 3日以内に検収書を送付いたします
  We will send the inspection form within 3 days.

- [ ] 今後ともよろしくお願いいたします
  We look forward to doing business with you again.

48 欠陥・ミスを指摘する

- [ ] いくつか欠陥があるようです
  There are a few problems.

- [ ] 一部、破損しています
  Part of it is damaged.

- [ ] ひびが入っています
  It's cracked.

- [ ] 破れています
  It's torn.

- [ ] 傷があります
  It has a scratch.

- [ ] 動作不良です
  It doesn't work.

- [ ] 壊れています
  It's broken.

- [ ] 代替品の送付をお願いします
  Please send a replacement.

- [ ] 回収していただけますか？
  Do you want us to send this back?

- [ ] 着荷商品
  shipment

Chapter 3 困ったときにすぐに使える! ビジネス英語表現集

49 代金を請求する

- [ ] ご請求額は1万円になります
  The invoice amount is ten thousand yen.

- [ ] 先月分です
  This is for last month.

- [ ] ○○銀行に振込みをお願いいたします
  Please send the payment to ○○ Bank.

- [ ] 4日までにお支払いください
  Please pay before 4th.

- [ ] 金額に間違いはございません
  The amount is correct.

- [ ] お振込み手数料はご負担ください
  Please pay the bank transfer fee.

- [ ] 交通費込みです
  This includes transportation.

- [ ] 請求書の計算にミスがあります
  There's an error on the invoice.

- [ ] 単価に間違いがあります
  The unit price was wrong.

- [ ] 訂正した請求書をお送りします
  Here is the invoice you asked for.

50 支払い方法を設定する

- [ ] 支払い方法を知りたいのですが
  I'd like to ask about how to make payment.

- [ ] 以下からお支払い方法を選べます
  Please choose one of the methods below.

- [ ] 銀行振り込みでお願いします
  Please send it to our bank.

- [ ] 分割払いは可能ですか?
  Is it possible to pay in installments?

- [ ] クレジットカード以外の支払い方法はありますか?
  Can I pay without a credit card?

- [ ] 電子マネーでの支払いは可能ですか?
  Can I pay with e-money?

- [ ] 現金の手渡しはできません
  We can't take cash.

- [ ] 米ドル建てでお願いします
  Please pay in US dollars.

- [ ] いつまでにお支払いすればよろしいでしょうか?
  By when do I need to pay?

- [ ] お支払い方法を変更しました
  We have changed the payment method.

51 支払いを催促する

- [ ] 今週中の支払いをお願いします
  Please pay by Friday of this week.

- [ ] 支払い期日を過ぎています
  The payment deadline has passed.

- [ ] ご入金が本日時点で確認できません
  It doesn't look like any payment has been made.

- [ ] お約束の日から大幅に入金が遅れています
  Your payment is very late now.

- [ ] お振り込みが違う口座に入ったかもしれません
  Maybe the payment was sent to the wrong account.

- [ ] お話をしたいと思います
  I'd like to talk to the accounting department.

- [ ] 資金繰りに影響が出ます
  This will hurt our cash flow.

- [ ] はなはだ困っています
  This is a big problem.

- [ ] この件にご対応願います
  Please take care of this problem.

- [ ] 何かの手違いかとも存じますが
  Maybe there was an error.

52 在庫を確認する

- [ ] この製品の在庫はございますか？
  Do you have this item in stock?

- [ ] 在庫はいくつありますか？
  How much stock do you have?

- [ ] 在庫をすべて、購入したいと考えています
  We want to buy everything in stock.

- [ ] 別のモデルであれば、在庫はございますか？
  Do you have a different model in stock?

- [ ] 他のタイプを教えてください
  What other types do you have?

- [ ] 色違いはありますか？
  Do you have it in a different color?

- [ ] 他店舗に在庫がございます
  Another branch has it in stock.

- [ ] 在庫切れです
  It's out of stock.

- [ ] 在庫限りの販売となります
  We can sell all we have in stock.

- [ ] 在庫処分を行います
  We're clearing our stock.

Chapter 3 困ったときにすぐに使える！ビジネス英語表現集

53 見積もりを依頼・提示する

- [ ] 見積書をいただけないでしょうか？
Could you send an estimate?

- [ ] ○○の購入を検討しています
We're thinking about buying ○○.

- [ ] 前向きに注文を考えております
We're thinking seriously about placing an order.

- [ ] 予算は5万円です
Our budget is fifty thousand yen.

- [ ] 最低価格をご提示ください
Please give us your best price.

- [ ] 1週間以内にお送りください
Please send it to us within one week.

- [ ] 見積書を提示させていただきます
Here is the estimate.

- [ ] 価格が御社のご希望に沿っていることを希望します
We hope the price meets your needs.

- [ ] オプションはありません
It doesn't have any options.

- [ ] ご注文をお待ちしています
We're looking forward to receiving your order.

54 契約書を作成する

- 草案を作成しました
  I made a draft.

- 間違いがあればご指摘ください
  Please let me know if there are any mistakes.

- 契約内容について質問があります
  I have a question about the contract.

- 内容に見落としがありました
  One thing is missing.

- 内容を修正したいと思っています
  I'd like to make a change.

- 新しい条件を追加したいと考えています
  We would like to add a condition the contract.

- 契約内容に満足しています
  The contract looks good to us.

- 後日、正式な契約書をお送りいたします
  We will send the official contract in a few days.

- サインをした書面を1通ご返送ください
  Please return one signed contract to us.

- 契約更新をお願いします
  Please renew the contract.

55 クレームをつける① 商品・サービスに対して

- [ ] 5日に発注した商品についてです
  I have a complaint about the order sent on the 5th.

- [ ] 商品に不備がありました
  The item has a problem.

- [ ] 返品は可能ですか?
  Can I return this item?

- [ ] 希望の仕様を満たしていません
  This doesn't have the functions I want.

- [ ] 品質に関して懸念を抱いています
  I'm worried about the quality.

- [ ] 耐久性に不安があります
  I'm worried about the durability.

- [ ] 写真と実物が違います
  It's not like the picture.

- [ ] 業務に支障が出ています
  This is slowing down our work.

- [ ] 説明書が分かりづらいです
  The manual is hard to understand.

- [ ] 誇大広告のように感じます
  This seems like fraudulent advertising.

56 クレームをつける② 納期の遅延に対して

- [ ] その納期ではお請けできません
  We can't say yes to that delivery date.

- [ ] その納期は現実的ではありません
  That delivery date doesn't work for us.

- [ ] まだ注文した商品が届いていません
  We haven't got our order yet.

- [ ] 注文してすでに2週間経ちました
  We placed our order two weeks ago.

- [ ] 約束をしていた今朝に届いていません
  It didn't arrive this morning as promised.

- [ ] 至急、正規の商品を送ってください
  Please send the correct item right away.

- [ ] 注文番号は○○です
  The order number is ○○.

- [ ] 配送状況を確認してください
  Please check on this order.

- [ ] 明日までに到着しなければキャンセルします
  If we don't get it by tomorrow, we will cancel our order.

- [ ] 損害賠償も考えています
  We are thinking about asking you to pay for damages.

— 159 —

57 クレームをつける ③ 数量間違い・誤送に対して

- [ ] 商品が入っていません
  Some items are missing.

- [ ] 品数が足りていません
  Some items are missing.

- [ ] オーダーした商品と違います
  This is different from what we ordered.

- [ ] 品違いです
  This is not what we ordered.

- [ ] 別の人の注文を受け取っているようです
  We got someone else's order.

- [ ] 品数が多いです
  There are too many items.

- [ ] 不具合があります
  There are some quality problems.

- [ ] どのように送り返せばよいでしょうか
  How can we return this?

- [ ] 返品したいと思っています
  We want to return this.

- [ ] 証拠の写真を同封します
  I am also sending a photo.

58 クレームに反論する

- [ ] 規約に同意されています
  You said yes to these terms.

- [ ] ご了承をいただいています
  You gave your okay.

- [ ] 説明書に書かれています
  It's in the manual.

- [ ] その指摘は言いがかりです
  That's not true.

- [ ] もう一度契約書をお読みください
  Please read the agreement again.

- [ ] おっしゃることは理解できます
  I understand what you're saying.

- [ ] 弊社の見解では〇〇
  We think that 〇〇

- [ ] 責任はそちらにございます
  I'm afraid you are at fault.

- [ ] こちらに不手際はありません
  We are not at fault.

- [ ] その請求は不当です
  We can't say yes to your request.

59 いろいろな謝罪の仕方

- [ ] ご迷惑をおかけして大変申し訳ございません
I'm very sorry for the trouble we caused you.

- [ ] ご面倒をおかけしました
I'm sorry for causing problems.

- [ ] おっしゃるとおりでございます
You are right about this.

- [ ] 説明不足ですみません
I'm sorry for the poor explanation.

- [ ] ご迷惑をおかけしています
I'm sorry for the trouble.

- [ ] 以後気をつけます
We will be more careful in the future.

- [ ] お許しください
Please forgive us for this.

- [ ] 失礼いたしました
I'm very sorry.

- [ ] 今後は教育を徹底いたします
We will try harder to train our employees.

- [ ] 率直なご意見をいただき、ありがとうございました
Thank you for your honest opinion.

60 弁解する

- 予想外のことが起きてしまいました
  The unthinkable has happened.

- 社内に連絡不行き届きがありました
  There was some miscommunication in the office.

- 不慣れなスタッフが対応してしまいました
  An inexperienced employee ended up handling that.

- 現在、原因を究明しています
  We are currently investigating the cause.

- 休暇中で折り返しができませんでした
  I was out of the office, so I was't able to reply.

- 技術的な問題がありました。
  There were some technical issues.

- 迷惑メールのフォルダに入っていました
  It accidently went to my SPAM folder.

- コンピューターにトラブルがありました
  I had a problem with my computer.

- 交通機関に遅れがありました
  The mass transit system was delayed.

- 思い違いをしていました
  It was a misunderstanding on my part.

61 求人募集

- 営業職を募集しています
Sales Associate Wanted

- 即戦力となる経験者を必要としています
Looking for an experienced professional who can hit the ground running.

- 未経験者でも構いません
No experience required.

- 若手を求めています
Looking for young professionals.

- 管理職候補の募集です
Manager Wanted

- 募集要項は以下になります
The application guidelines are as follows:

- 英語が堪能な方を探しています
Looking for skilled English speakers.

- 6月1日に採用試験を行います
The job placement exam will be held on June 1.

- 履歴書と職務経歴書をご持参ください
Please bring your resume and cover letter.

- 筆記試験と適性試験があります
There will be a written exam and an aptitude test.

62 就職活動・転職活動

- 御社の求人広告をWebで拝見しました
  I found information about this job online.

- ○○の職種にご応募させていただきます
  I am applying for the ○○ position.

- 募集要項にはすべて該当しています
  I believe I can do this job.

- ぜひ面接の機会を設けていただければと思っています
  I would like to talk to you more about this.

- 企業理念に惹かれました
  I was impressed by your mission statement.

- 現在は離職中です
  I am currently not employed.

- 年収は500万円を希望します
  I am hoping to make around five million yen a year.

- 学歴
  education

- 職歴
  work history

- 志望動機
  cover letter

Chapter 3 困ったときにすぐに使える! ビジネス英語表現集

- ☐ 履歴書
  resume
- ☐ 求人広告
  help wanted advertisement
- ☐ 募集する・採用する
  recruit
- ☐ 雇う
  hire
- ☐ 職務記述書
  job description
- ☐ 面接
  interview
- ☐ 派遣社員
  temporary employee
- ☐ 登録制
  on-file system
- ☐ 社員登用
  employee recruitment
- ☐ 試用期間
  trial period

63 雇用にまつわる表現

- [ ] 職員
staff

- [ ] 雇用者
employer

- [ ] 従業員
employee

- [ ] 全職員、社員
personnel

- [ ] 給与
salary

- [ ] 年2回の賞与
semi-annual bonus

- [ ] 残業代
overtime pay

- [ ] 時給
hourly wage

- [ ] 業務委託
subcontracting

- [ ] 福利厚生
employee benefits

Chapter 3　困ったときにすぐに使える！ビジネス英語表現集

- [ ] 社会保険完備
  full-employee benefits
- [ ] 交通費支給
  commuting expenses covered
- [ ] 産休
  maternity leave
- [ ] 労使交渉
  labor negotiations
- [ ] 昇進
  promotion
- [ ] 解雇する
  dismiss
- [ ] 一時解雇する
  lay off
- [ ] 退職する
  retire
- [ ] 辞職する
  resign
- [ ] 辞表
  letter of resignation

64 出張の準備をする

- [ ] ○○への出張を希望します
  I'd like to be sent to ○○.

- [ ] 海外出張は可能ですか?
  Is it possible to go on business overseas?

- [ ] こちらへ出張していただけますか?
  Could you come here?

- [ ] 交通費はこちらで負担します
  We will pay for your trip.

- [ ] 直接お会いしてお話したいと思っています
  I'd like to talk to you face to face.

- [ ] 工場を訪問することはできますか?
  Can you visit the factory?

- [ ] 見学を設定したいと考えています
  I'd like to set up a tour.

- [ ] ○○がお会いしたいと申しています
  ○○ says that he would like to meet you.

- [ ] 持ち物を教えてください
  Please tell me what I need to bring.

- [ ] サポートが必要であればお知らせください
  Plesae tell me if you need anything.

65 出張中のスケジュールを決める

- [ ] 5日に出発する予定です
  I plan on leaving on the 5th.

- [ ] 5日に戻る予定です
  I will return on the 5th.

- [ ] 滞在は3日間の予定です
  I will be there for three days.

- [ ] こちらが予定の帰国日になります
  This is my planned return date.

- [ ] 出張を延長したいと思っています
  I need to extend my trip.

- [ ] 予定表を作成します
  I made a travel plan.

- [ ] 到着後、XXX-XXX-XXXXにお電話ください
  Please call XXX-XXX-XXXX when you get here.

- [ ] B出口でお待ちしています
  I will be waiting at Exit B.

- [ ] 空港へお迎えに行きましょうか?
  Do you want me to pick you up at the airport?

- [ ] ホテルや交通手段は取り計らいます
  I'll take care of your hotel and transportation.

66 出張のアフターケアをする

- [ ] 行く価値がありました
  I'm really glad I went.

- [ ] 大変楽しい時間でした
  I had a very good time.

- [ ] わざわざご訪問いただき、ありがとうございました
  Thank you so much for coming.

- [ ] ご迷惑をおかけし、申しわけありませんでした。
  I'm sorry for any trouble I caused.

- [ ] 直接お話できてよかったです
  I'm glad we could talk face to face.

- [ ] 問題点を解決できて、うれしく思います
  I'm glad we took care of the problem.

- [ ] 次回は弊社へお越しください
  Please come for a visit anytime.

- [ ] 恩返しできればと思っています
  I hope I can return the favor.

- [ ] 時差から早く回復されるとよいですね
  I'm glad you quickly recovered from the time difference.

- [ ] ○○さまによろしくお伝えください
  Please say hello to ○○ for me.

Chapter 3 困ったときにすぐに使える！ ビジネス英語表現集

67 交通手段を手配する

- [ ] チケットはこちらで手配します
  I'll take care of your ticket

- [ ] チケットは私が持参します
  I'll bring your ticket.

- [ ] チケットはお送りします
  I'll send you your ticket.

- [ ] 全員のチケットをご用意ください
  Could you get a ticket for everyone?

- [ ] 地図はメールでお送りします
  I'll e-mail you a map.

- [ ] ○○駅で乗り継いでください
  Please change trains at ○○ Station.

- [ ] 航空券
  plane ticket

- [ ] 乗車券
  train ticket

- [ ] 特急券
  limited express ticket

- [ ] 時刻表
  time table

68 交通手段

- [ ] 地下鉄
subway

- [ ] モノレール
monorail

- [ ] 路面電車
streetcar

- [ ] シャトルバス
shuttle bus

- [ ] 高速バス
highway bus

- [ ] 乗合タクシー
ridesharing taxi

- [ ] 国内線
domestic route

- [ ] 国際線
international route

- [ ] 船舶
ship

- [ ] フェリー
ferry

69 ホテルを予約する

- [ ] インターネットから予約できますか？
  Can I make an online reservation?

- [ ] 支払いはクレジットカードでお願いします
  I'd like to pay by credit card.

- [ ] 駅からは近いですか？
  Is it near the station?

- [ ] ツインの部屋にしてください
  Please make it a twin.

- [ ] なるべく安い部屋でお願いします
  I'd prefer a low-priced room.

- [ ] 7時にチェックインする予定です
  I'll be checking in at 7:00.

- [ ] 禁煙ルームを希望します
  I'd like a non-smoking room.

- [ ] 朝食をつけてください
  Please include breakfast.

- [ ] 予約を変更させてください
  I'd like to change my reservation.

- [ ] 予約を取り消したいと思っています
  I'd like to cancel my reservation.

70 コミュニケーション① 相手の近況を伺う

- [ ] お忙しいですか？
  Are you keeping busy?

- [ ] ちゃんと休めていますか？
  Are you able to get some rest?

- [ ] お変わりありませんか？
  Has anything changed?

- [ ] いかがお過ごしですか？
  How are you doing?

- [ ] お仕事はいかがですか？
  How's your job going?

- [ ] 定時で帰れていますか？
  Are you able to go home on time?

- [ ] 風邪はひいていませんか？
  You haven't caught a cold, have you?

- [ ] プロジェクトはうまく進んでいますか？
  Is the project going smoothly?

- [ ] 何か社内で動きはありましたか？
  Is anything happening in the office?

- [ ] 新しい職場はいかがですか？
  How do you like your new job?

Chapter 3　困ったときにすぐに使える! ビジネス英語表現集

71　コミュニケーション②　久しぶりに連絡する

- [ ] お久しぶりです
  It's been a long time.

- [ ] ○○の際はお世話になりました
  Thank you for your help on ○○.

- [ ] 覚えていただいていますか?
  Do you remember me?

- [ ] 10年振りですね
  It's been 10 years.

- [ ] お元気ですか?
  How have you been?

- [ ] 私は元気です
  I'm doing fine here.

- [ ] ご無沙汰で申し訳ありません
  I'm sorry for not writing sooner.

- [ ] 慌ただしい日々を送っていました
  I'm keeping really busy.

- [ ] ともに働いた日を懐かしく思います
  I have good memories of working with you.

- [ ] 再会を楽しみにしています
  I look forward to seeing you again.

72 コミュニケーション③ 体調を気遣う

- [ ] 心配しています
  I'm worried about you.

- [ ] お加減はいかがですか？
  How are you feeling?

- [ ] よくなりましたか？
  Are you feeling better?

- [ ] 充分にご静養なさってください
  Make sure you get enough rest.

- [ ] 体を休めてください
  Please get a lot of rest.

- [ ] くれぐれもお大事に
  Get well soon.

- [ ] お大事にどうぞ
  Please take care.

- [ ] お体に気をつけて
  Take care of yourself.

- [ ] ご無理なさらずに
  Don't push yourself.

- [ ] 早く元気になってください
  I hope you get better soon.

73 健康状態・体調

- [ ] 体調は万全
in perfect health

- [ ] 体調を崩す
get sick

- [ ] 体調がましになってきた
feel better

- [ ] 心身ともに健康
a strong body and mind

- [ ] 頭痛
headache

- [ ] 腹痛
stomachache

- [ ] 38°の熱
a temperature of 38 degrees

- [ ] 高熱がある
have a fever

- [ ] 風邪をひく
have a cold

- [ ] インフルエンザにかかる
have the flu

74 コミュニケーション ④ 感謝の気持ちを伝える

- [ ] 大変うれしく思います
  I'm so happy you did that.

- [ ] 非常に助かりました
  It was a big help.

- [ ] 皆さまのおかげ
  We did it with everyone's help.

- [ ] お時間を割いていただきありがとうございました
  Thank you for your time.

- [ ] わざわざお越しいただきありがとうございました
  Thank you for coming.

- [ ] 案件の依頼をいただきありがとうございました
  Thank you for this job.

- [ ] ご契約いただきありがとうございました
  Thank you for the contract.

- [ ] ご注文いただきありがとうございました
  Thank you for your order.

- [ ] コンペにお招きいただきありがとうございました
  Thank for the competition invitation.

- [ ] 立派な品をお贈りいただきありがとうございました
  Thank for the very nice gift.

Chapter 3 困ったときにすぐに使える！ビジネス英語表現集

75 コミュニケーション⑤ 相談を持ちかける

- [ ] 困っています
I've got a problem.

- [ ] 状況が悪化しています
The situation has gotten worse.

- [ ] 意見を聞く
ask for your opinion

- [ ] 空いている時間
spare time

- [ ] 外部スタッフに依頼する
outsource

- [ ] 解決策
solutions

- [ ] 悩み相談に乗ってください
Please listen to my problems.

- [ ] 人員を増やしていただけませんか？
Could you increase the number of employees?

- [ ] 助言
advice

- [ ] 代わりに対応してほしい
I'd like you to handle this for me.

— 180 —

76 コミュニケーション⑥ 相手をねぎらう

- [ ] 結果については仕方がありません
  Nothing can be done about the results.

- [ ] ご苦労さまでした
  Thanks for your hard work.

- [ ] 大変だったと思います
  It must have been really hard.

- [ ] 辛抱強く対応していきましょう
  Let's work hard and do our best.

- [ ] 今後の実績につながると思います
  I think it will change our future.

- [ ] 次回、また頑張ろう
  Let's try harder next time.

- [ ] 今後の糧になるよ
  This will help us in the future.

- [ ] 元気を出して
  Let's try to cheer up.

- [ ] 次はうまくいきますよ
  You'll do better next time.

- [ ] そんなに心配していないよ
  I'm not so worried.

Chapter 3 困ったときにすぐに使える！ビジネス英語表現集

77 コミュニケーション⑦ 相手を評価する

- [ ] 素晴らしいご対応でした
  You did a great job.

- [ ] さすがの一言です
  You said the right thing.

- [ ] 気に入りました
  I really liked that.

- [ ] 頼りにしています
  I know I can count on you.

- [ ] ○○は秀逸です
  That's great ○○.

- [ ] よくやった！
  You did it!

- [ ] 大変残念だ
  That's too bad.

- [ ] いい姿勢だ
  You're working hard.

- [ ] 成長したな
  You've really doing better.

- [ ] 優秀な部下だな
  I have a great staff.

78 コミュニケーション⑧ 相手の行動を注意する

- [ ] これは問題になると思います
  This is going to be a problem.

- [ ] 契約に違反しています
  You're violating the terms of the contract.

- [ ] 服装や髪型が乱れています
  You need to work on your appearance.

- [ ] ミスが多すぎます
  You make too many mistakes.

- [ ] 気が抜けています
  You're not trying hard enough.

- [ ] 社内規定に違反しています
  You're not following the company rules.

- [ ] もっと集中してください
  You need to focus more.

- [ ] 言葉遣いに気をつけましょう
  Be careful what you say.

- [ ] ちゃんと確認しましょう
  You need to check your work.

- [ ] それは失礼です
  That's not polite.

79 コミュニケーション⑨ 愚痴をいう

- [ ] 残業が多い
  We have a lot of overtime.

- [ ] 評価してくれない
  My boss doesn't see what I do.

- [ ] 給料が上がらない
  My pay never changes.

- [ ] 目標が高すぎる
  Our goals are too high.

- [ ] ○○さんの仕事が遅い
  ○○ is too slow.

- [ ] 要望が無茶すぎる
  They want too much.

- [ ] 雰囲気がよくない
  The mood isn't very good.

- [ ] イライラする
  This is hard to take.

- [ ] ストレスが溜まる
  I have a lot of stress.

- [ ] もう辞めたい
  I want to quit this job.

80 日本の祝日

- [ ] 元日
  New Year's Day
- [ ] 成人の日
  Coming of Age Day
- [ ] 建国記念の日
  Foundation Day
- [ ] 春分の日
  Vernal Equinox Day
- [ ] ゴールデンウィーク
  Golden Week
- [ ] 海の日
  Marine Day
- [ ] 敬老の日
  Respect-for-the-Aged Day
- [ ] 秋分の日
  Autumnal Equinox Day
- [ ] 体育の日
  Health and Sports Day
- [ ] 文化の日
  Culture Day
- [ ] 勤労感謝の日
  Labor Thanksgiving Day
- [ ] 天皇誕生日
  The Emperor's Birthday

81 スケジュール

- [ ] 打ち合わせ
  meeting (MTG)

- [ ] 朝礼
  morning meeting

- [ ] 早番
  early shift

- [ ] 夜勤
  night shift

- [ ] 直行
  go directly

- [ ] 直帰
  go straight home

- [ ] 外回り
  sales visits

- [ ] 健康診断
  physical

- [ ] 研修
  training

- [ ] 社員旅行
  company trip

82 パーティ・イベント

- 着席形式
  sit-down

- 立食パーティー
  cocktail party

- 打ち上げ
  launch party

- 合コン
  group blind date

- 忘年会
  year-end party

- 新年会
  New Year's party

- 送別会
  farewell party

- 野外イベント
  outdoor event

- 試写会
  preview

- 講演会
  lecture

83 冠婚葬祭① 法人へのお祝い

- 創立10周年、おめでとうございます
 Congratulations on 10 years in business.

- 上場されたこと、心からお喜び申し上げます
 I'm glad to hear you about your IPO.

- ○○店のオープン、心よりお祝いを申し上げます
 Congratulations on the opening of your ○○ store.

- 本社の移転、おめでとうございます
 Congratulations on the move of your headquarters.

- 新社屋の完成、謹んでお慶び申し上げます
 Congratulations on the new office building.

- 新会社を設立されたとのこと、心よりお祝い申し上げます
 Congratulations on your new company.

- 海外進出、おめでとうございます
 Congratulations on your new business overseas.

- 新規事業の成功をお祈りしています
 Best wishes for your new business.

- 新サービスのリリース、おめでとうございます
 Congratulations on the start of your new service.

- 弊社を代表してお祝い申し上げます
 Congratulations from all of us at ABC.

84 冠婚葬祭② 個人へのお祝い

- [ ] 昇進をお祝い申し上げます
  Congratulations on your new position.

- [ ] この度のご栄転
  Congratulations on your transfer.

- [ ] ○○に就任されたとのこと
  Congratulations on your promotion to ○○.

- [ ] 素敵な誕生日をお過ごしください
  Please have a happy birthday.

- [ ] 素晴らしい1年になりますように
  I hope this will be a great year for you.

- [ ] ○○の受賞、おめでとうございます
  Congratulations on the ○○ prize.

- [ ] ご結婚、おめでとうございます！
  Congratulations on your wedding!

- [ ] 新たな門出を祝福いたします
  Best wishes on this new stage in your life.

- [ ] 笑顔の絶えないご家庭をつくってください
  May your home be filled with smiles always.

- [ ] 末永くお幸せに
  I hope you have a long and happy life together.

Chapter 3 困ったときにすぐに使える！ビジネス英語表現集

85 冠婚葬祭③ お見舞い

- [ ] 心よりお見舞い申し上げます
  I'm very sorry to hear the sad news.

- [ ] 被害が軽微であることをお祈りしています
  I hope the damage isn't too bad.

- [ ] お役に立てることがございましたらお知らせください
  Please let me know if I can help.

- [ ] 少しでもお力になれればと思っています
  I would be very happy to help.

- [ ] 一日も早いご回復を願っています
  I hope you get better soon.

- [ ] ゆっくりとご静養なさってください
  Please try to rest.

- [ ] ご自愛ください
  Please take care of yourself.

- [ ] 入院されたことを知り、大変驚いています
  I was surprised to hear that you're in the hospital.

- [ ] 大事には至らず、安心しました
  I'm glad it wasn't so bad.

- [ ] ご全快をお祈り申し上げます
  I hope you get well soon.

86 冠婚葬祭④ 訃報・お悔やみ

- [ ] ○○が逝去いたしました
  ○○ has passed away.

- [ ] ○○は享年82歳でした
  ○○ was 82 years old.

- [ ] 通夜や葬儀などは下記にように執り行います
  Here is information about the wake and funeral.

- [ ] ご遺族の皆さまに謹んでおくやみを申し上げます
  I'll keep your family in my prayers.

- [ ] 訃報に接し、言葉を失っています
  I don't know what to say at this sad time.

- [ ] 何と言葉をかけてよいか分かりません
  I can't tell you how sorry I am.

- [ ] ご冥福をお祈り申し上げます
  I pray that she may rest in peace.

- [ ] 大変な衝撃を受けています
  I couldn't believe the news.

- [ ] 本当に素晴らしい方でした
  She was such a wonderful person.

- [ ] 心中をお察しいたします
  I understand how you're feeling now.

ビジネス英語の8割は中学英語で通用する

発行日　2014年6月5日　第1刷
発行日　2019年9月9日　第4刷

著者　　　　　デイビッド・セイン
本書プロジェクトチーム
編集統括　　　柿内尚文
編集担当　　　舘瑞恵
デザイン　　　間野成
イラスト　　　中野きゆ美
編集協力　　　定者和也
校正　　　　　中山祐子

営業統括　　　丸山敏生
営業担当　　　熊切絵理
プロモーション　山田美恵、林屋成一郎
営業　　　　　増尾友裕、池田孝一郎、石井耕平、大原桂子、桐山敦子、
　　　　　　　　網脇愛、渋谷香、寺内未来子、櫻井恵子、吉村寿美子、
　　　　　　　　矢橋寛子、遠藤真知子、森田真紀、大村かおり、高垣真美、
　　　　　　　　高垣知子、柏原由美、菊山清佳
講演・マネジメント事業　斎藤和佳、高間裕子、志水公美

編集　　　　　小林英史、栗田亘、村上芳子、堀田孝之、大住兼正、
　　　　　　　　菊地貴広、千田真由、生越こずえ、名児耶美咲
メディア開発　池田剛、中山景、中村悟志、長野太介
マネジメント　坂下毅
発行人　　　　高橋克佳

発行所　株式会社アスコム
〒105-0003
東京都港区西新橋2-23-1　3東洋海事ビル
編集部　TEL：03-5425-6627
営業部　TEL：03-5425-6626　FAX：03-5425-6770

印刷・製本　株式会社廣済堂

© A to Z 株式会社アスコム
Printed in Japan ISBN 978-4-7762-0831-0

本書は著作権上の保護を受けています。本書の一部あるいは全部について、
株式会社アスコムから文書による許諾を得ずに、いかなる方法によっても
無断で複写することは禁じられています。

落丁本、乱丁本は、お手数ですが小社営業部までお送りください。
送料小社負担によりお取り替えいたします。定価はカバーに表示しています。